スタジオ撮影のリハーサル。収録の前日にていねいに行います

パンジーメディア

知的障害者が発信する放送局

小川道幸（パンジーメディア・エグゼクティブプロデューサー）

◉毎月1回，インターネットでアップされるパンジーメディアの番組「きぼうのつばさ」。知的障害者が制作に加わり，自分たちの考えや思いを発信する日本で初めての試みです。

◉放送開始は，2016年9月。参加した当事者も支援者も映像制作は初めてです。撮影のワークショップ，表現の練習，当事者のアイディアで短編ドラマの制作と少しずつ積み重ね，初回放送では，50分を超える番組が出来上がりました。ニュース，料理コーナー，当事者が自分の人生を語る「私の歴史」，そして入所施設と闘う知的障害者のドラマまで，当初の予想をはるかに超えた番組になりました。今年3月で，放送は18回になります。

◉準備から数えて2年。視聴者からは「これまで知らなかった知的障害者の思いが分かった」「何を考えているか分からない，怖いと思っていた知的障害者への偏見がなくなった」などの声が寄せられました。

◉そして，始めたときには想像もつかなかった変化がありました。番組制作に参加した当事者が「自分には役割がある」と元気になったことです。また，自分の人生を語るなかで，これまで心の奥に閉じ込めていた思いを吐き出し，積極的になってきました。

◉知的障害者への偏見や差別は，今もなくなりません。虐待などの事件も後を絶ちません。社会が彼らのありのままを受け入れてくれれば。パンジーメディアは，そんな日が訪れることを目指して，活動を続けています。

△時間マイクを持ち続けるサウンドエンジニア。
体力と感性が必要です

△「きぼうのつばさ」のキャスター。始めて1年半，ベテランです

△ カメラスタッフを後ろから見守るプロデューサー

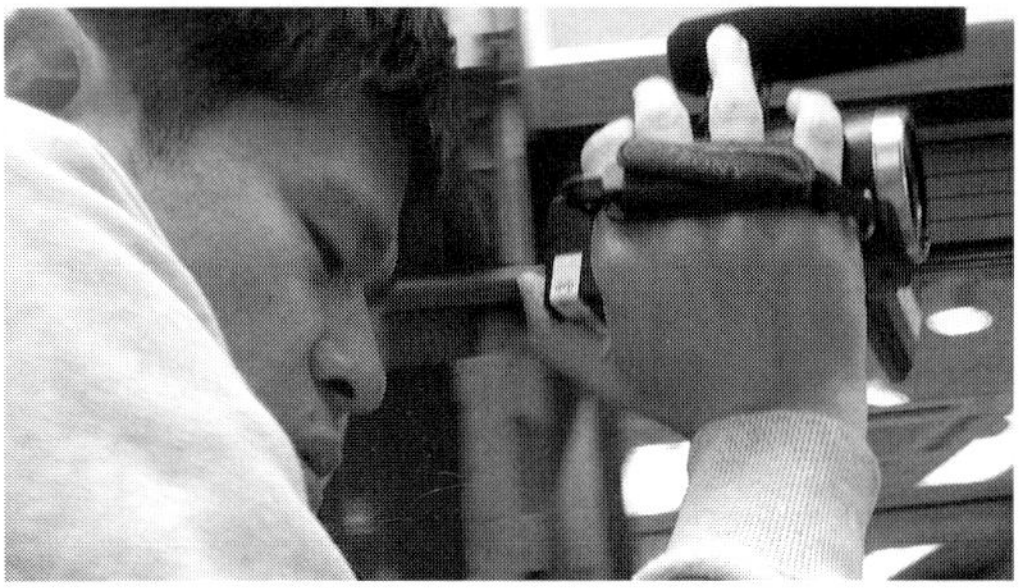

△カメラマンは目の見えない人。
音や匂い，風をたよりに撮影します

△ スタジオには
スポーツクライミングの壁。
スタッフの息抜きの場

△「パンジーキッチン」作る人も食べる人も知的障害をもつ人

パンジーメディア

知的障害者が発信する放送局

△「地域で普通にくらす」グループホームを舞台に
ドキュメンタリーを制作中

△「私の歴史」心に閉じ込めてきたこだわりから
解き放たれる時間です

△「パンジーの眼」相模原事件のその後を取材する記者。
知的障害当事者です

△ドラマ「闇の王」入所施設と闘う当事者の物語

△ パンジー山岳部,
めざすはヒマラヤ。
ドキュメントを制作中

パンジーメディア

知的障害者が発信する放送局

△ 毎月の完成試写会は，約80人が参加。映像にみんな釘づけです

障害者・保育・教育の総合誌

季刊 福祉労働

158
Spring
2018

現代書館

障害者・保育・教育の総合誌
季刊 福祉労働 158
Spring 2018

CONTENTS
目次

表紙・口絵・目次・扉構成……杉本和秀
イラストレーション……伴 秀政

特集
学校における合理的配慮と親の付き添い問題

特集
学校における合理的配慮と親の付き添い問題

障害者差別解消法が問いかけるもの

――学校教育における障害を理由とした差別の解決に向けて

南舘こずえ

障害者差別解消法は、障害を理由に差別されることなく障害のある者とない者とが共に生きる社会の構築を目指して策定された法律である。しかし、合理的配慮が提供されれば自動的に共生社会になるわけではない。能力によって差別されない学級づくりは法律で規定できるものではなく、それを志向する人々の努力でしかなしえない。

一つの事例から

（一）定期試験に関わる配慮は、どこで？

次の事例は、定期試験時に提供された合理的配慮である。どのような教育機関で、何の障害のある子どもに対して取り組まれたものなのかを想像してみて欲しい。

○試験教科の特性を判断しつつ、適切である場合は音声読み上げソフトによる問題文の読み上げを行う

○問題読み上げが適さないものは、問題文を拡大し、試験時間を延長する

音声読み上げソフトを使い、問題文を読み上げている。したがって、印字された文字情報からの情報が得られにくいのではないかと想像できる。音声読み上げソフトを使わない場合に、拡大することで対応しているのは、文字が大きくなければ、読みにくいということだろうか。視覚障害、つまり弱視だろうか、それとも、ディスレクシア（Dyslexia）で、読み障害があるのだろうか。

（二）配慮の提供主体は？

この事例を障害のある子どもの保護者、教師、障害者団体職員を対象にした講演会で紹介し、この問いを投げかけたところ、最初は小学校ではないかと考えた人が半数以上だった。「定期試験と言うのだから、中学校でないのか」という鋭い考察をする人が出てきたため、次第に「中学校か」という雰囲気になっていった。「この事例は私立大学で、理学系の学科に在籍する一年生に対して取り組まれた事例ですよ」と伝えると、「へーっ?」という声があがり、意外だなという反応をする人が多かった。

「障害を理由とする差別の解消の推進に関する法律」（以下、「障害者差別解消法」）に関する認知度は残念ながら低く、小学校や中学校等を訪問したり、教職員から話を聞くと取組みのある学校とそうでない学校とでは格差が大きいように思う。法律の名前を聞いたこともなく、合理的配慮の提供は特別支援学校や特別支援学級の担任が対応するもので、通常の学級は関係ないだろうと思っているのかなと感じることもある。合理的配慮を提供する主要な担い手は、通常の学級の担任である。

独立行政法人日本学生支援機構が、大学等一一八〇校（大学：七八二校、短期大学三四一校、高等専門学校：五七校）に加え、二〇一三の相談機関（国の機関：二、地方自治体：二〇〇七、障害学生支援機関：四）に対し、二〇一六年に紛争の防止、解決に関する事例調査を実施してまとめた、[注1]『「障害者差別解消法」施行に伴う障害のある学生に関する紛争の防止、解決等事例集』（以下、『事例集』）に掲載されている事例を見ると、学校ごとに判断にばらつきがあるのが分かる。

事例は通し番号を振って整理され、二一〇の例が紹介されている。冒頭に紹介した事例は、No一三八のものである。

『事例集』では、障害ごとに取組み内容を紹介している。[2] 障害別では、聴覚・言語障害が、二六・四%で最も多い。続いて、精神障害が一九・八%、肢体不自由が一八・一%、発達障害が一七・〇%である。小学校、中学校では、発達障害と精神障害を区別することはあまりないため、この二つを足すと全体の中で最も多い対応事例になる。

障害種別ごとの事例数（教育機関のみ）

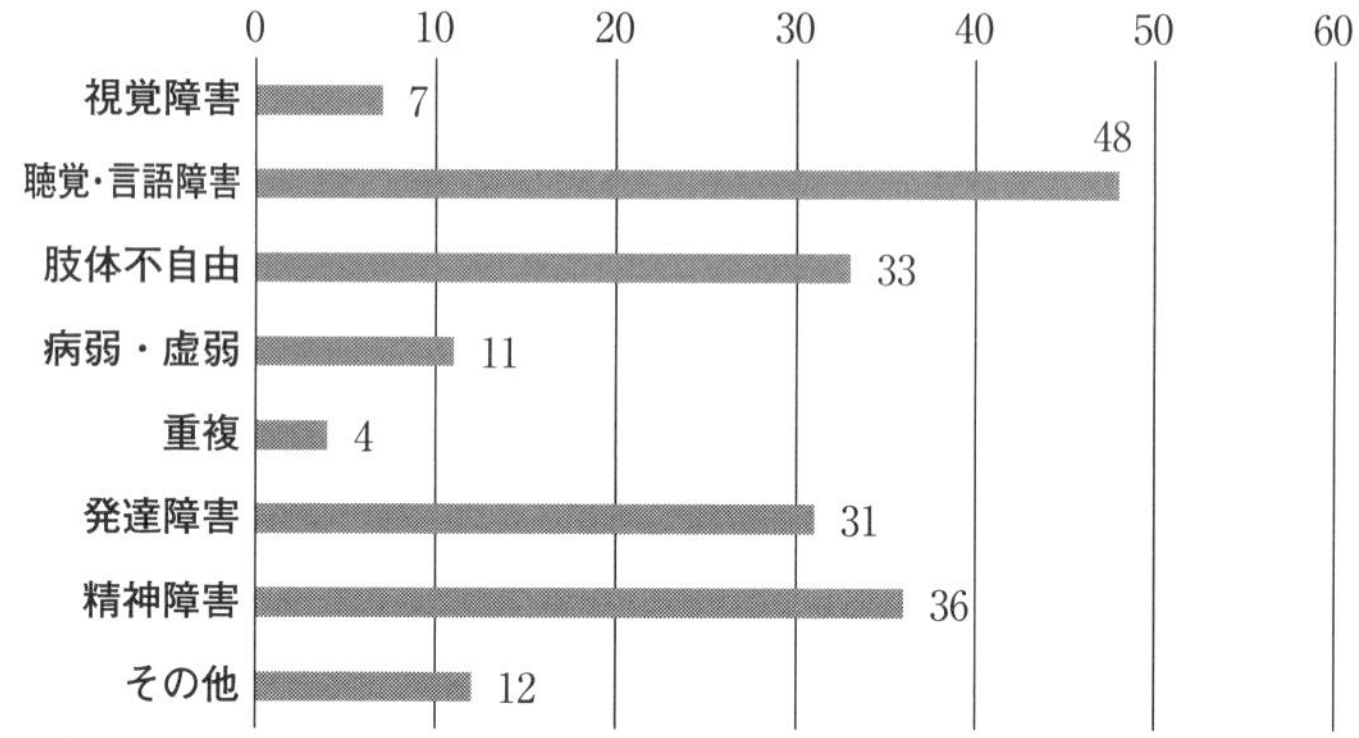

（出典：独立行政法人日本学生支援機構『「障害者差別解消法」施行に伴う障害のある学生に関する紛争の防止、解決等事例集――平成28年度収集事例』）

『事例集』は、巻末で配慮が提供された場面から検索できるようにしている。受験・入学、授業・研究、実習等、事務窓口、式典・行事、寮・施設、試験・単位、その他に分類され、逆引きができるようになっている。

(三) 読み上げソフトは、何のためか？

事例№一三八は、試験・単位に分類されている。配慮の対象者は、発達障害のある学生である。

事例の概要を『事例集』にそって、紹介したい。

①入学試験

事例の学生は、大学入試センター試験の際には、別室受験、一・三倍の試験時間延長、試験問題の拡大の配慮がされていた。

②申出内容

授業及び試験に関して、配慮の申し出があった。試験の配慮として、音声読み上げソフトの利用を要望していた。

③話し合い、定期試験における配慮内容の決定

障害学生支援担当部署が調整しつつ、話し合いを開始したが、一年前期試験問題は拡大のみを行うことになった。

④不服申立を受け、配慮内容を変更・調整

一年前期の定期試験での配慮内容について、不服の申立があり、再度、調整を行うことになった。

学内調整を経て、教科や出題形式の特性を判断し、一年後期に音声読み上げソフトの利用、音声読み上げソフトが適さないものについては、拡大と時間延長を行うことで合意形成に至った。事例は、発達障害があり印刷された文字情報を読むことに困難があるので、音声による情報提供を求めたものであると推察することができる。

障害者差別解消法とは

(一) 基本的な仕組みは?

障害者差別解消法は二〇一三年六月に可決・成立し、二〇一六年四月から全面的に施行された法律である。この法律が成立した背景を詳細に述べることは本稿の目的ではないため省くが、二〇〇六年に障害者の固有の尊厳を促進するための包括的かつ総合的な国際条約「障害者の権利に関する条約」(以下、「障害者権利条約」)が採択され、条約批准に向けた国内法整備の過程において、障害者差別解消法が制定されたことを必ず踏まえなければならないだろう。つまり締約国は、障害者権利条約に沿って法整備することとして、障害を理由とする差別を禁止すること、及び、合理的配慮を提供することが求められているのである。

障害者差別解消法では、公立学校及び独立行政法人等に対し、二つの法的義務を課している。

①不当な差別的取扱いを禁止(第七条第1項)

公立学校等は、障害を理由とした不当な差別的な取扱い、障害のある人の権利利益の侵害をしてはならない。公立学校なのだから、義務教育の提供を拒絶することはあってはならないと思いたいが、「障害があるなら、うちに来てもらっては困る」というような対応があるようである。入学前の見学の際に子どもが車いすを利用していると伝えられると、「うちには、設備がないから受け入れられない」と即座に言うことなどが、これに当たる可能性がある。

②合理的配慮の提供は義務(第七条第2項)

「〜してはならない」と行為を禁止する不当な差別的取扱いとは全く異なり、合理的配慮は「〜しなければならない」と提供を義務づける。したがって公立学校等が、「忙しくてできない」「支援できる人がいない」等と、合理的配慮の提供を断るのは法的義務違反に当たる可能性がある。

（二）対象者は？

障害者差別解消法第二条に、障害者の定義を設けている。障害者とは、身体障害、知的障害等の心身の機能障害があり、その障害と社会的障壁によって日常生活や社会生活に相当な制限を受ける者としている。社会的障壁は、障害のある者が、日常生活や社会生活を営む上で障壁になるような社会における事物、制度、慣行、観念その他一切のものである。

障害者差別解消法は、社会モデルに基づいて障害を捉えていると言われている。したがって、いわゆる障害者手帳の有無によって法の対象者を特定するのではなく、障害によって生じる社会的障壁によって制限を受けていること、それによって、学校生活への平等な参加が妨げられ権利利益が脅かされている子どもが対象者になる。したがって、障害者手帳等の交付対象になる程度の障害があるかどうかではなく、その障害のある人の生活に生じている社会的障壁によって権利侵害状態に置かれていることが問題になる。

対象者の範囲については、しばしば同じ質問を受けることがある。「性同一性障害は？」「化学物質過敏症や電磁波過敏症は、この法律の対象になるのか？」この問いについては、例えば、ある子どもの「カラダの性」と「心の性」が異なる場合に、合理的配慮を提供するのかという問いになる。この時、その子ども及び保護者が、学校生活において障害に基づいた障壁が生じていると申し出ているのかという点に尽きるだろう。当事者から見た場合には、障害者差別解消法の合理的配慮を求めるのか、それとも教育的配慮を求めるのかという違いになるが、重要なのはプール学習での着替えやトイレ利用等で適切な対応がなされるべきという点であって、その対応を何と呼ぶのかというだけのことではないかと思う。合理的配慮を求められていないという理由で、必要な支援を行わないで良いという言いわけにはならない。

(三) 合理的配慮提供の起点は?

障害者差別解消法第七条第2項は、障害のある人からの社会的障壁の除去が必要であるという意思の表明があったときに、合理的配慮を行わなければならないとしている。したがって、合理的配慮を提供する仕組みは、障害のある子ども及び保護者からの申し出を起点にして始まる。特別支援教育との異同はこの仕組みの違いにあると言えるのだが、特別支援教育と合理的配慮を同義語と考えている教職員は多いように思う。

合理的配慮の提供においては、障害のある子ども及び保護者からの申し出を受け、配慮内容についての話し合いを開始することになる。その際、子どもの性別、年齢、障害の状況を考慮し、実施に伴う負担が過重でない範囲で、社会的障壁を除去する合理的配慮を提供する。

この時、求められた配慮内容を学校が過重な負担があると判断した場合は、合理的配慮の提供をしなくとも良いと誤解している場合がある。しかし、これは法律に即した対応ではない。仮に、求められた配慮内容を提供できないと判断した場合であっても、合理的配慮を提供する義務を免除されることにはならない。したがって、求められた配慮を提供できない理由を説明しながら、代替案を障害のある子ども及び保護者に提案しながら、合意を得られるように話し合いをしなければならないのである。(3)

また、保護者からは「幼稚園ではやってくれたのに、なぜ小学校ではやってくれないのか?」もしくは、「小学校ではやってくれたのに、中学校はやってくれない」という声を聞くことがある。校種がまたがるときには、合理的配慮の内容についても保護者の同意のもと適切に引き継ぎがなされなければならないが、全く同じ内容を提供すれば事足りるわけではない。理想的には、より適切な配慮内容を学校が代替案として入学前に提案できれば良いのだが、現実的には、入学後に子どもの障害の状態の把握を慎重に行い、その後で、その年齢にふさわしい代替案の提案を行うことになる。

学校教育における社会的障壁とは

（一）再び、事例№一三八へ

紹介した事例は、本人からの申し出から検討が始まっている。申し出を受け大学は、一年前期試験に対応したが、それが不十分であるという本人からの再申し出があり、合理的配慮の内容を変更・調整し、合意形成できたという例になる。

しかし、この事例には隠されているものがある。それは、申し出をした学生に、どのような社会的障壁が生じているのか、明らかにされていないという点である。障害者差別解消法に関しては、公立学校に合理的配慮の提供義務が課されているからか、何を合理的配慮として提供すべきかという点に関心が集中する。しかし、より重要なのは、どのような社会的障壁があるのかを学校が確認する作業にあると思っている。つまり、障害があることで障害のない人と同じスタートラインに立っていないとしても、どの程度スタートラインから離れているのかを特定できなければ、合理的配慮を提供する「合理性」を導き出すことはできないからである。

発達障害のある学生は、発達障害ゆえに印刷された文字情報を読むことに困難があるようだが、どのように活字が見えているのか、音声情報であればそれを補うことができるのか、次案として、拡大することで良いのか等が明確にされないと社会的障壁を解消できるのかを検証できないとも言える。

（二）学校教育における、読み書きに困難があることとは？

小学校や中学校の授業を見ていると、通常の学級で学ぶ子どもたちはある程度努力をすれば教科書等の文字を読めるようになり、その内容も理解できるようになるという暗黙の了解があるように感じることがある。しかし、障害のある子どもたちは常に新たな困難に直面し、その対応を求められている。特に、読むこと、書くこと、理解することが難しく、いわゆる読み書き障害のある発達障害、知的障害のある子どもたちは、たとえ合理的配慮を含む支援が提供されたとしても、日々新たなことを学ぶのだから新たに生まれる困難に対して挑戦しなければいけない。通常、学習内容は文字情報で提示されることが多く、その処理に困難が生じる子どもたちにとっては生活全般が困難になりがちで、人格形成にも影響すると思う。それらは社会的障壁として露見するのだから、合理的配慮として提供される支援内容が変更・調整されなければならない。

ここで注意を喚起しておきたいのは、通常の学級で学ぶのが困難ならば、特別支援学級や特別支援学校で学ぶべきだという論に与するものではないということである。通常の学級に在籍しているからこそ社会的障壁が生じ、それを取り除くために合理的配慮の提供が求められるのである。合理的配慮の提供が困難だからといって、学籍を変更すれば解決できるということではない。障害者権利委員会が作成した障害者権利条約の教育条項に関する「一般意見」においては、障害のある子どもが一般教育から排除されないようにすべきで、「個人の能力の程度をインクルージョンの条件にすること」「合理的配慮の提供の義務から免れるために、過度の負担を主張」することはしてはならない、としていることを踏まえるべきである。(4)

(三) 社会的障壁を確認するのは誰か?

ディスレクシアと診断された小学三年生がいるとしよう。保護者から、担任に対しテストのときに問題文を読み上げしてくれないだろうかという要望があった。では、どうすべきか。問題文を読み上げるためには、どのような対応が可能だろうか。担任一人で対応できるだろうか。他の教職員は、どのようにサポートすべきだろうか。

しかし、この過程で欠けているのは、繰り返しになるが社会的障壁の確認作業である。この子どもは、どのように文字情報を処理しているのか。ゆっくりならば読めるのか。平仮名は読めるのか。漢字はどうだろうか。勝手読みはあるのか。単語の切れ目が分かるか。どのような社会的障壁があるのかを押さえていないと、問題文を読み上げることで社会的障壁を解消できるかどうかを検証することはできない。

ここで問題になるのは、障害者差別解消法による申し出があった場合に、主には担任が社会的障壁の確認作業を行うことになるが、それは可能かということだろう。状況を多少複雑にさせているのは、読み書き障害に関して医療関係者等が「拡大された教科書を使用してはどうか」「漢字テストを免除できるように相談してはどうか」等、合理的配慮の内容について具体的に言及しているときに、これらは当然に提供されるべきだと思っていることがある。このような場合も含め、担任は子どもにとっての社会的障壁は何か、それを解消するにはどのような支援を提供することが可能なのかを検討しなければならない。教師に過大な期待を持ちすぎだと言われかねないが、学校での子どもの様子を観察することが可能なのは担任なのだから、この役割をしっかりと担って欲しいと思う。もちろん、必要ならばスクールカウンセラーや、ソーシャルワーカー等との連携も可能だろう。個人的には、障害のある子どもに限らず、一人ひとりの子どもを的確に、かつしなやかに把握している担任は、今子どもがどのようなつまずきを体験しているのか、細かに把握しているように思う。

障害者差別解消法の課題は？

（一）救済されるのは、一人だけか？

障害者差別解消法の適用範囲は、障害のある人の日常生活、社会生活全般を対象としているが、学校は子どもの学びの場であると同時に、生活の場でもあり、継続的な人間関係が営まれる特別な環境での障害を理由とする差別を問題にする。

障害者差別解消法は、社会的障壁の除去の申し出が起点になることを述べてきた。ここで新たな疑問は、社会的障壁が生じているのは、申し出のあった障害のある子ども一人だけだろうかということである。仮に、障害のある子ども一人だけが社会的障壁に直面しているのだとしたら、一人の子どもの権利の保障の問題として解決することになる。しかし、現在の学校の教室はそのような単純な状況にはなく、申し立てする者がいない社会的障壁は存在する。そのような場合は、DV被害、ネグレクト、貧困等別の課題も複雑に絡んでくるように思う。

ある中学校を訪問したときのことである。書字が苦手でディスレクシアと診断されている生徒は、板書されたものをiPadを使ってメモしようとしていた。単語テストのときは、筆記用具を出してテストを受け、一〇問中二問解答していた。しかし同じ教室には、一問だけしか解答しない二人の生徒がいた。iPadを使ってメモを取っていた生徒は、合理的配慮についての申し出を受けて、授業中のiPadの利用が可能になり、定期テストにおいては別室受験、時間延長、拡大された問題用紙と回答用紙が提供されるという。しかし、一問だけ解答した生徒たちには、そのような対応の検討も行われない。もちろん、この生徒たちに先の生徒と同じ障害があると断定することはできないが、何らかの教育的な支援が提供されるべきであると思う。

障害者差別解消法が施行された当初は、「声が大きい者だけが得をする」と揶揄されたが、実際にこのような状況を目の当たりにすると、二人の生徒を放置したままにはできないだろう。特に、中学校の定期試験時に提供される合理的配慮に基づいて、高等学校を受験する際の配慮を検討することになるため、中学校での合理的配慮は入試での対応を視野に入れつつ申し出がある場合が多いように思う。したがって、このような場合は、担任等から合理的配慮等の提供を要請する働きかけが、本人及び保護者に対して必要になるのである。

障害者差別解消法は、障害を理由に差別されることなく障害のある者とない者とが共に生きる共生社会の構築を目指して策定された法律である。しかし自明なことは、合理的配慮が提供されれば自動的に共生社会になるわけではない。共生社会の実現に向けては、能力によって差別されない学級づくりが必要であって、それは法律で規定できるものではなく、それを志向する人々の努力でしかなしえないと強く感じる。

注

1　『「障害者差別解消法」施行に伴う障害のある学生に関する紛争の防止、解決等事例集——平成二十八年度収集事例』平成二十九年七月、独立行政法人日本学生支援機構。http://www.jasso.go.jp/gakusei/tokubetsu_shien/chosa_kenkyu/kaiketsu/__icsFiles/afieldfile/2017/07/25/h28jirei_book.pdf

2　同右三三頁「障害種別の事例数」に示されている事例数から、相談機関による事例を除いて、高等教育機関が実施主体であるものだけをグラフにした。紛争の解決においては、教育機関と相談機関の連携は必要であるが、高等教育機関での授業、学生生活等に係る合理的配慮は、提供主体が教育機関であるため相談機関の事例を除いた。

3　法律に沿った手続きの流れについては、『障害者差別解消法札幌市学校職員における対応要領』（平成二十八年三月）の「『合理的配慮』検討の流れ」が分かりやすい。この度、掲載の許可を頂けたので次頁に掲載した。

4　General comment No. 4 (2016) on the right to inclusive education. http://tbinternet.ohchr.org/_layouts/treatybodyexternal/Download.aspx?symbolno=CRPD/C/GC/4&Lang=en

障害者権利条約一般的意見第四号の解説は、『つまり、「合理的配慮」って、こういうこと?!』（インクルーシブ教育データバンク：インクルＤＢ編、二〇一七年十一月、現代書館）の資料編を参照して欲しい。

みなみだて・こずえ……二〇一五年四月から三年間、教育委員会で働き、相談員として幼稚園・小学校・中学校・高等学校等を訪問し、合理的配慮等が提供されている場を観察してきた。また、共生共学（インクルーシブ教育）で取り組まれてきた合理的配慮の実践をデータ化する活動を「インクルーシブ教育データバンク（インクルＤＢ）」として二〇一四年から行っている。

［合理的配慮］の検討の手続きの流れ
一般的な流れ　イメージ

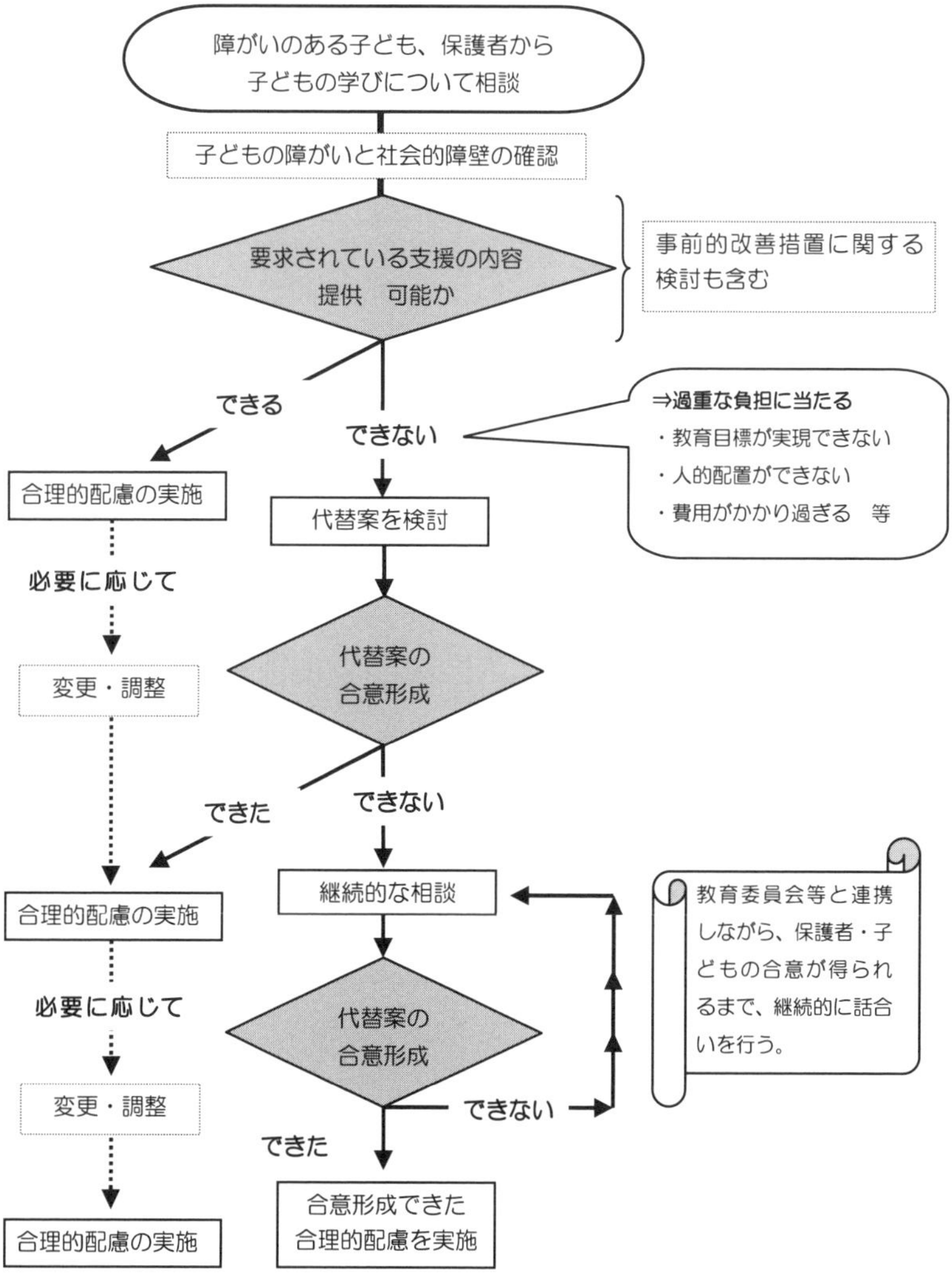

自分の人生を主体的に生きるために

何の配慮もなく付き添いがないときは放置された小学校時代。教職員がすべてやってくれた中学校時代。周りの生徒たちの「人サーフィン」で乗り切った高校時代を経て、介助＝生活を保障されることの安心感を知った米国留学。インクルーシブ教育が進まないことを行政だけのせいにして、当事者が主張しなければ、社会は動かないのです。

海老原宏美

地域の子どもは地域の学校に

私はほぼ生まれながらにして脊髄性筋萎縮症（ＳＭＡ）という進行性の難病をもっています。確定診断を受けた一歳半の頃、Ⅰ型からⅣ型までの区分けもなく、Ⅰ型の病名「ウェルドニッヒ・ホフマン病」をつけられ、三歳までの命と宣告されました。そして、「免疫が弱く、風邪などを引いたら命取りになるので、家の中など、安全な場所にいさせるように」と言われたそうです。

母は、しばらくは人並みに嘆き悲しんだようですが、すぐに、持ち前の前向きな負けず嫌いを発揮。「私が産んだ子に無駄な子はいない！　全員、社会の役に立つ子にする！」と決意し、「親亡き後にも自分で生きていけるような力をつける育児」を始めました。そして医師の言うことなどお構いなく、私をどんどん外に晒し始めたのです。

私の病気が進行性だということは、次第に身体が動かなくなり、自力でできることがなくなっていくということです。そのために母はまず、他者に介助してもらうことに慣れるよう、私をどんどん他人に任せるということを始めました。すぐ近くの母に「あれ取って」と言っても、「隣に○○さんがいるでしょう。頼みなさい」と私の意識を外に向かせるようにしたのです。

そして小学校就学の年。もちろん母は、「地域にいる子は地域の同世代の子たちと共に育つのが当たり前」というシンプルな理由で、地域の通常学級への就学を希望。しかし学校は、「前例がない」「何かあったときの対応ができない」「責任が取れない」「教師の手が回らない」と教育委員会も校長も断固拒否。これ、最近でもよく聞く言葉ですが、私の時代から何にも変わってないというわけです。それでも周りの方々の支援を受け、「そんなに言うならもう勝手にしてください。学校側は一切面倒見ませんので、親がそばに付いてすべての介助をするのが条件です」という差別をのんで入学できることに。

入学式の後、教室に入ると、私の席には「触って転んだりしたら大変だから、生徒はこの中に入っちゃダメ」と半径一・五メートルに赤いビニールテープが貼られ、すぐ隣に母親の席。エレベーターのない古い校舎で、教室移動はすべて身長一四五センチの小さな母親がおんぶして行いました。朝の登校時は二歳の弟が、自分の体ほどもある私のランドセルを背負って、四つ這いで階段をよじ登って運んでくれました。自営業だった実家の仕事の都合で親が付き添えない時間帯は、私は教室でポツンとひとり放置されました。授業のペースもまったく配慮なし。体育のとき、着替えたり車いすに乗り移るのに時間がかかっても母子で置いていかれたし、遠足は「どうせ付いてこれないのだから車で現地集合、現地解散してください」。プールは「危ないから、塩素の強い腰洗い槽の中で親子で遊んでいてください、嫌ならお母さんが水着を着て付きっ切りで面倒見るように」と。

当時は、それらが「差別」だなんて誰も思っていませんでした。学校としては「入れてあげた」だったし、私にとっても「友達との間にいつもお母さんがいるなんて嫌だなぁ」くらいにしか思っていなかったわけです。

しかし、母は違いました。学校生活のペースも落ち着いてくると、なんと、仮病を使い始めたのです。「申し訳ないのですが、今日ちょっと熱が四〇度ありまして……少し家で休んできていいでしょうか……」と言って家に帰り、放課後まで来ない、という作戦です。突然障害児を任された担任は介助せざるを得ないわけですが、やってみたらなんてことはない。難しくも危なくもないのです。なんだ、こんなもんでいいのか、と自信をつけた担任は次第に態度がゆるくなり、そのうち、「校外学習のときだけ来てくれればいいですよ」となっていったのです。可愛い我が子を差別の嵐の中に置いていくなんて、と思う人もいるかも知れませんが、学校側に考えさせる立派な作戦であり、私にとっても親から解放されるいい時間となったのです。

運動会の参加が難しい競技のときには、放送席で実況アナウンスなど、代替えの役割をつくってもらえることもありましたが、体育は基本的に見学、修学旅行の山登りは母と二人で麓で待機など、参加できなかった行事はたくさんありました。

初めての学校社会

中学校に進学するとき、やはり教育委員会からはストップがかかりました。しかし、その騒動を知った中学校長が「受け入れましょう。ぜひうちの中学校に来てもらいたい」と教育委員会に伝えてくれたのです。実はその校長、私が入学すると同時に、全教員に向けて「障害のある生徒さんを受け入れるのは初めてのこと。私たちがどうサポートしたらいいのか、海老原さんに教えてもらうという気持ちでいてください」と言い残し、定年退職されたのです。全教員がその言葉を大切に受け止めてくださり、何事も私にどうしたいかを聞いてくれました。

日常生活で言えば、校内の垂直移動は男女問わず先生方が抱っこで、普段のトイレ介助も女性の先生方が代わる代わる、体育がある日は登校時からジャージでいい、真冬スカートでは寒い場合はズボンでもいい、体育は競技の審判を任されたり（ルールを覚えるのに最適な方法でした）、プールはレポート提出で代替したり、音楽でも、アルトリコーダーは指が届かないので、同じ指使いのソプラニーノリコーダーを買ってくれたりと、その度に学校と話し合いながら適切な配慮を得られたと感じています。

スキー教育も、小学校時代、散々親がそばにいて楽しくなかった思い出のある私は、「親がついて行くくらいなら行かないほうがマシだ」と担任に訴えたところ、職員会議にかけられ、結果、女性の先生たちで介助しましょうということになり、女性の校長も含めて、トイレ、着替え、お風呂などすべての介助をしてもらえました。これ、私が学校生活というものを始めてから初めての、家庭という社会を離れ、学校という社会の中だけで過ごせた貴重な貴重な時間で、すごくうれしかったのを覚えています。

「人サーフィン」始動

相変わらず高校も、校長から「前例がない、バリアフリーになっていない、責任取れない」とNG。中学校の担任も一緒になって交渉してくれた結果、渋々入学を認められました。

入学式の前に高校から呼ばれ、授業についての打ち合わせ。体育はどう参加すればいいか、理科の授業で顕微鏡をのぞくにはどれくらいの高さの台を用意する必要があるか、美術は絵の具を自分で出したりできるのかなど、学年全部の教科の先生方二〇人くらいに囲まれて質問攻めにされましたが、私がより良い高校生活を送るため、というよりは、先生たちの不安解消のための話し合いでした。そんな中、世界史の先生が一言、「やってみなければ分からないことも多いでしょう。その時、その時で相談しながらやっていきましょうよ」。とりあえず、教室移動で階段を車いすごと運ぶこととトイレについては、先生方が介助してくださることだけ決定しました。

一年生の一学期、仲のいい友達もでき、お昼も一緒に食べたりしていましたが、その輪の中に女性の先生が入ってきてトイレに連れて行ってもらう、というペースに、何か違和感を覚えました。せっかく友達とワイワイやっているのに、先生が入ってきた瞬間、その輪が分断されてしまう感じがしたのです。

そんな時「障害者甲子園」というイベントを知りました。西宮市の自立生活センター「メインストリーム協会」が主催しているインベントで、全国の障害高校生と、関西の健常高校生とが三泊四日で合宿するというものでした。障害者の友人がまったくいなかった私は、全国の障害高校生がどんな暮らしをしているのか興味が湧き参加を決意。ただし、その参加条件は「会場のある大阪まで一人で来ること」。人生初の一人旅は新幹線に乗って大阪まで。その時に衝撃だったのは、駅員が私の目を見て話しかけるということ。それまでは必ず親が横についていた私にとって、駅員は親に話しかけるのが当然でした。それが、初めて、自分が駅員と顔を見合わせて直接やりとりすることによって、「今までなんと自分の存在が蔑ろにされていたのだろう！」と気づいたのです。さらに、それまで大人にしか介助してもらっていなかった私は、イベント中、同世代の高校生がすべての介助をしてくれたことに新鮮な喜びを感じ、一学期の違和感を払拭するためにも二学期以降は自分の介助はすべて同級生に委ねよう、と決心し、学校側もそれを認めてくれました。

二学期以降、母が高校まで車で送ってくれ、私をぽんと車いすに乗せて段差だらけの昇降口に置いて「はい、今日も行ってらっしゃい」と帰っていきます。私はそこで登校してくる生徒を待ち構え、「ちょっとすみません。私の教室二階なんですが、運ぶの手伝ってもらえませんか？」と片っ端から声をかけ、四人捕まえます。そして「じゃ、車いすのここと、ここを持って、水平に、ゆっくり、いいですかー？　はい、一、二、三！」と、運んでもらいます。美術や体育で教室移動するときも同様に。トイレはお昼を一緒に食べてる友人たちに「ちょっとトイレ行きたーい！　手伝ってー！」と元気に頼みました。所属していた合唱部の、夏の強化合宿や関東大会遠征のときなども、先輩後輩、OB・OGまで巻き込んで、バスや電車の移動も含めた全介助をお願いしました。

「周りの子たちに負担をかけていないか？」と言われることがあります。確かに、一人や二人の優しい子に偏って介助を頼み続けていたら負担となるかもしれません。しかし私はその対策として、特定の人に絞らず「目の前を通りかかった人すべて」を介助者の対象にしたのです。始めのうちは、嫌な顔をしたり、聞こえないふりをして通り過ぎる人もいました。でも、毎日毎日、何百回何千回とこの「人サーフィン」を繰り返しているうちに、パッと見ただけで手を貸してくれそうか見極めるスキルも身につきました（笑）。そして、二、三年目にもなると、「手伝いましょうか？」と向こうから声をかけてくれる人も増えました。一度声をかけられて手を貸してくれた人は、「困っている」ことを察知するセンスが上がり、「自分にもできること」が分かってきて、徐々に手を貸しやすくなるのです。友人たちは、「ちょっとそこの醤油取って！」「はいよ！」というくらいの感覚で、介助を含めた私のことをただの友人として受け止めてくれるようになりました。この高校時代で、私はやっと、自分というもののアイデンティティが確立され始めました。自分という人間を、主体的に生き始めたのです。

生活を保障するということ

そして大学。私が勉強したかった心理学を学べる大学は当時少なく、ご多分に漏れず、受け入れ先はありませんでした。もう、この辺りまで来ると、受け入れてもらえないことが普通になってきてビックリもしませんね（笑）。大学との交渉に一年費やし、なんとか次の年に東洋英和女学院大学に合格。入学前の話し合いでは、「うちの学校も、バリアフリーとは言えない部分がたくさんある。エレベーターもない。スロープをつけたり、職員が階段の上り下りを手伝ったり、インターホンをつけたりと、できることはなるべく改善していくつもりだが、足りない部分もあるということを了承してもらえれば……」という前提の下、「どのような配慮が必要ですか？」と、最初に希望を聞いてくれました。

三年になったとき、短期語学留学のプログラムにチャレンジ。選考試験に通り、いざ留学の準備となったとき、留学担当の教授に呼び出され、「アメリカの大学は、一つの町と同じくらい広い。今と同じように人サーフィンで生活しようと思っていても、いつも周りに人がいるかどうかさえ分からない。生活介助が確保できない限り、大学としては留学を認めるわけにいかない」と言い渡されたのです。慌てた私は、急いで介助者を探し、出国一カ月前に、ようやく大学の先生の紹介で、同行してくれる人が見つかりました。

人生で初めて、「専属介助者」をつけた私は、また大きな衝撃を受けました。それまでは周りに「頼める人」がいないか常にアンテナを張り詰めてきたわけです。しかし留学中は、何か頼みたいことがあってもすぐ後ろを振り返れば手を貸してくれる人がいるという安心感。勉強や友人と遊ぶ、のんびりご飯を食べるなど、本来自分がやりたいことのために自分の時間と気持ちを使う、という余裕を初体験。これはすごい！　人サーフィンで社会とつながる喜びと、介助者を保障されることで自分の生活の安定の保障を得ることとは全然違う、と知ることができたのです。

障害者として生きていく自覚

今、私が大人になって感じることは、「どんな障害であっても、地域社会で生きていくには人の手をたくさん借りる必要がある」ということです。教育とは、社会で生きる力を身につけるためのものであり、そのために障害のある人が学校生活で何を学んでおく必要があるかと聞かれたら、「自分ができないこと、苦手なことを知り、それをどう人に伝え手を貸してもらうか、のスキルを身につけること」だと私は答えたいです。それは同時に、障害のない人が「何かができない人、苦手な人がいたときに、どう手を貸せばいいか、のセンスを身につけていくこと」を学ぶことでもあるのです。だからこそ、インクルーシブ教育の推進が欠かせないのです。

私の時代には、「差別」の定義も、「合理的配慮」の概念もありませんでした。しかし、今は、障害者権利条約、障害者差別解消法など法的な根拠ができ、堂々と自分たちの教育権を主張できるようになりました。それでもなかなかインクルーシブ教育が進まない理由を、学校システムが追いついていないからと、学校行政だけのせいにしてはいけないと私は感じています。障害のある当事者が、そしてその家族が、自分たちの権利というものをしっかり勉強し、自覚し、主張することを始めなければ、社会は動かないのです。

とは言っても、最終的に、都教育委員会、文科省という上位組織で「どのような対応は差別であるか」「適切な合理的配慮とはどういうものか」など一定の基準を提示し、それを遵守するよう各公立学校に働きかけてくれなければ解決には至りません。そこで、都内全域におけるインクルーシブ教育の成功・失敗事例、課題等を共有し、最終的には「対都教委交渉・政策提言」を行っていく活動に取り組んでいくことになりました。それが二〇一七年六月に発足した「東京インクルーシブ教育プロジェクト（ＴＩＰ）」です。中軸は「障害当事者の想いを中心に」活動するということと、「インクルーシブ社会実現の戦略として」インクルーシブ教育を推進したい、ということです。発足して以来、都外からの参加者も確実に増え、ＴＩＰへの関心が高いことを実感しています。簡単には進んでいかない分野の運動でいつも試行錯誤ですが、今後、地域生活を充実させていくための差別解消運動の一つとして、仲間と力を合わせて切り開いていきたいと思っています。

えびはら・ひろみ……一九七七年川崎市生まれ。脊髄性筋萎縮症。地域の学校に進学し、二〇〇一年大学卒業後、人工呼吸器を導入。東京都東大和市で自立生活しながら、自立生活センター東大和で相談支援専門員として活動中。他、東大和市地域自立支援協議会会長、東京都自立支援協議会副会長、人工呼吸器ユーザーネットワーク（呼ネット）副代表、東京インクルーシブ教育プロジェクト代表など兼任。

人工呼吸器をつけて普通校へ通って

生後六カ月から人工呼吸器をつけ、地域の保育園・小・中・高に通い、現在親許を離れヘルパーと自立生活をしている。結局親の付き添いは外せず、すんなりいかない学校生活だったが、危ないと禁止するのではなく、どうしたら誰もが安心して楽しく学校生活が送れるようになるか、当事者と一緒に考えて実現していったらいいなと思います。

平本 歩

生い立ち

最初に簡単な生い立ちを書きます。

私は、生後ミルクを飲むと吐いてしまったりお乳を吸う力が弱くなったりして、生後二カ月半で入院し、六カ月のときに人工呼吸器をつけ、七カ月のときに「ミトコンドリア筋症」と診断されました。ミトコンドリア筋症とは、次第に筋力が弱っていく病気です。

一歳八カ月のとき、初めて外出して家に帰りました。外出に慣れてくると、看護師さんなしで親だけで行けるようになりました。外出・外泊を続けるうちに、私は「家に帰りたい」と大泣きして訴えたそうです。当時（一九九〇年）は人工呼吸器のレンタル制度がなく、両親は人工呼吸器を買って、四歳のときに退院し、在宅生活になりました。病院以外で呼吸器使用者が暮らすことの前例がほとんどなかったので、在宅医療や親以外のケア体制をつくるために、行政やボランティアの人たちとの準備が大変でした。

せっかく退院しても、家の中にいたり同じ障害の子ばかりの特別支援学校に通っていては意味はない、と地域の保育園・小学校・中学校・高校と通いました。大学受験をしましたが失敗し、予備校へ通いました。一二年前、私が二〇歳のとき、主な介護者だった父が亡くなり、母とヘルパーの支援で生活をしていましたが、二〇一一年から一人暮らしをしています。普段は、私の利用しているヘルパー事業所でお手伝いをしたり、講演活動をしたりしています。

付き添い問題

地域の小学校に入学すると、学校生活をサポートしてもらう先生が一人付くため、障害児学級が新設されました。しかし、全ての学習や活動は普通学級で行いました。但し、痰の吸引等の医療的ケアがあるため、父が一日中学校に付き添わないといけませんでした。付き添いを外してほしいと教育委員会に度々要望し、話し合いをしたりしましたが、付き添いが外れることはなく、高校を卒業するまでの一二年間、父がずっと付き添いました。親の付き添いの解消がすぐには難しい状況だったので、学校の付き添いの代行を認めてほしいと教育委員会に要望していました。その結果、付き添いの代行ができるようになり、二年生の二月からボランティアの人二人が土曜日に行けるようになりました。しかし、代行が始まって間もなく、肺炎で一カ月間入院してしまい、代行は二回しかできませんでした。

二年生の八月に、教育委員会が「親の付き添いを必要としない条件整備をする」と言っていたのに、条件整備をすると言ったことを認めようとしなかったので、十二月に付き添いストをしました。朝、父は学校に私を送った後、自宅に戻り、ケアが必要なときはポケベルで連絡をしました。教育委員会が私の自宅に、「そんな危険なことはやめてほしい!」と言いに来ました。

中学校三年生の五月に親の付き添いなしで写生会へ行きました。朝、父が学校まで私を送って行き、帰りは先生が私を自宅まで送ってくれました。医療的ケアは、全て障害児学級の先生がしてくれました。親の付き添いなしで行けてとても嬉しかったです。

制限されたこと

保育園と同様、小学校でもみんなと同じ大きいプールに入れると思いワクワクしていたら、学校側から突然「プールは危険だから当分見合わせる」と当日言われました。父も先生も何も聞かされていないため、驚いていました。その時の私の気持ちは覚えていないけど、多分みんなと同じプールに入れなくて残念だったと思います。その後、両親は学校側と話し合いをし、先生が他校からミニプールを借りてプールに入るということになりました。

小学一年生のときは階段移動は禁止されていなかったのに、二年生になり突然、階段移動は危険だから禁止する、と教育委員会に言われました。その後、両親と教育委員会で話し合いをしました。当時のストレッチャーは上下分離が可能だったので、市内の教育センターで、上だけ分離して移動すれば階段移動は安全であることを証明し、安易に禁止するのではなく、どうすれば安全に活動できるかの大切さを訴えて、禁止命令を撤回してもらいました。

また、私の自宅のＪＲの最寄駅は、行きはスロープでホームに入れるけど、帰りは電車が中央のホームに止まりエレベーターがないため、高校見学会、入試、合格発表のときに、他駅の駅員さんにストレッチャーごと担いでもらっていました。（最寄駅には駅員さんが一人か二人しかおらず、担いでもらうには六人必要なため。）しかし、合格者説明会の帰り、ＪＲ側から「車椅子と電動車椅子は規定にあるが、電動三輪車やストレッチャーは規定にないのでお断りしています。どうするかは支社で検討しているのでその結論を待ってほしい」と言われました。一回目の話し合いで、「協力させてもらいます。但し、帰りは最寄駅を通過してエレベーターのある次の駅まで行って折り返してほしい」と言われました。そして二回目の話し合いでは、「期限は明言できないが、エレベーターを設置する。その間、申し訳ないが折り返してもらえないか」と言われ、話し合いの決着がつきました。九月にエレベーターが設置されるまで、帰りは最寄駅を通過してエレベーターのある次の駅まで行って折り返していました。

授業、定期試験・入学試験の際の配慮

小学校で最初に私についてくれた先生（障害児学級担任）は、私のような呼吸器をつけた子と関わったことがないため、私とどう接したらいいかわからなかったようです。

私は字を書くときは筆ペンで書きます。先生が私の右手の手首を持ち、私が筆ペンを持ち、わずかな動きで字を書きます。その頃は手の力が強かったので、先生のペンの持ち方が気に入らなかったり先生との息が合わなかったりすると、すぐにペンを落としていました。

冬から文字盤を使い始めました。右の手首を介助者に持ってもらい、舌で指したい文字まで行き、目的の文字が来たら、私が手で文字をトントンと指します。慣れていない人やなかなか理解してもらえない人だと時間がかかりイライラしますが、覚えてもらうために私は根気良く付き合います。

また、少ししてから、トーキングエイドという文字を押すと音声が出る機械を使用していました。しばらく算数の授業中に答えを発表するときなどに使用していましたが、トーキングエイドは重いし置く場所を常に考えないといけないため、現在は使用していません。

私は先生に宿題を出されるのが大好きな子でした。クラス替えがあり、先生にクラス全員の友達の名前を覚えてくるようにという宿題を出されました。数日後、全員の名前を覚えて言えるようになっていました。友達を早くつくりたいからか覚えるのが早いからかわからないけど、すぐ覚えられました。先生も驚いていました。

高校では、私の他に障害をもった生徒五名が在籍していて、しかも学習などの介助をしてもらう人が必要だったため、「履修困難生徒研究指定校」と兵庫県教育委員会から指定され、授業に介助員が付きました。ただし、痰の吸引などの医療的ケアはやはり父がしていました。

合格した喜びも束の間、宿題が沢山出され試験がありました。進学校だから仕方ないですね。

試験問題と解答用紙は高校側がパソコンに取り込んでくれました。また、板書の書き取り（ノートテイク）はほとんど介助の先生がしていました。教科書等を固定するボードをストレッチャーの横に設置し、そのボードを左右に動かしながら板書と交互に見ていました。指示は舌を使用していました。私は一番後ろの席だったので、黒板が見える範囲や文字の大きさの確認を毎回教科担当の先生がしてくれ嬉しかったです。

美術では、介助の先生に鉛筆や筆を右手に持たせてもらい、絵等を描きました。

数学・家庭科・体育は、学年末に補習と追試がありとても大変でした。国語の小テストは文字盤で答えていました。社会の小テストでは、次回の授業までに自宅のパソコンに回答を打ち込み印刷して持参するという形が多かったです。

苦手な化学。小テストで成績が悪かったため、成績が悪い他の生徒数名と共に教室に呼ばれ、指導を受けました。

ＯＣＡ（オーラルコミュニケーションＡ）という英語の授業では、パソコンで板書の書き取りをするまでは、教科担当の先生にされた質問には、文字盤で答えていました。パソコンで板書をするようになってからは、教科担当の先生からの質問もパソコンでしたり、私がパソコンで質問したりしていました。

板書の書き取りは全教科パソコンでしました。パソコンでできない図形などは、先生が書いてくれました。授業内容を質問したりノートの進み具合を見るために、教卓にもパソコンを置いてもらったりして嬉しかったです。それにより、一年生のときよりもスムーズに勉強ができました。

三年生のときは大学受験があるため、さらに沢山勉強しました。

一校は指定校推薦で英語学科を受験しました。しかし不合格でした。そこは面接試験があり、敬語を普段から使用していなかったため、敬語の練習を含めて面接指導を受けました。試験はパソコンで受けました。高校では、デスクトップパソコンからモニタ切替機を経由して私と先生側の二つのケーブルで繋げていましたが、入学試験では高校で使用している環境を持ち込むことは試験の公正の見地から許可されないため、大学側にパソコンを用意してもらい最低限の機材持ち込みで済ませる必要がありました。

試験当日は、メモソフトを使用して面接に臨みました。介助はいつも高校で介助してくれている先生、痰の吸引は父がしてくれました。

そしてもう一校は自己推薦文を書かないといけません。筆記試験もありました。そこも不合格でした。

宿泊学習などの校外学習、運動会など行事について

小学校三年生の五月、みんなと大阪の五月山に遠足で行きました。クラスのみんなが班をつくり、最寄駅から五月山までの二キロの道を、紐で私のストレッチャーを引っ張ってくれました。みんなと行けてよかったです。

秋に市バスで市内見学へ行きました。当時はノンステップバスが普及していなかったので、みんなとバスで行けるように、学校側が手作りのスロープを用意してくれました。嬉しかったです。

五年生になってすぐ、兵庫県では五泊六日の自然学校があります。自然学校とは、兵庫県の各市町が県の補助を受けて行う学校行事のことです。自然学校の二カ月前の四月、学校側からこのことについて、何回か説明がありました。
一、みんなと行けるようにリフト付きの観光バスを手配する。
二、看護師を二人つけて親の付き添いなしで取り組む。
三、現地での行動も班行動で、寝室も風呂も一緒にする。
というものでした。

これについて、私の個人的な意見を言います。

一と三については私のことを考えてくれて嬉しいけど、二については不安です。何故なら、普段から私に全く関わっていない看護師さんにケアされると不安だからです。実を言うと、看護師さんはケアの仕方が雑な人が多いので苦手です。看護師さんより普段から関わってくれている介助者にケアしてもらったほうが安心です。

結局、二については、私が入院していた病院のＮＩＣＵの看護師さんと、学校側が探してくれた看護師さん合計三名が付いて来てくれました。普段から私に全く関わっていない看護師さんに付いて来てもらうため、父も付き添わざるを得ませんでした。

五月から更衣、カニューレ（気管切開をした人に人工呼吸器の空気を送り込む管のこと）交換、緊急時に関する研修会、バクバク（人工呼吸器が使えないとき、手動のアンビューバッグで空気を送ること。押すとバクッバクッと音がすることから、バクバクという名前がついた）、入浴介助の練習などを先生たちにしてもらいました。

小学校六年生の六月に、三重県に修学旅行へ行きました。普段からお世話になっている診療所の看護師さんが二人付いて来てくれました。

秋の運動会では、私も一緒に参加できる方法をみんなで考えました。私のストレッチャーを利用して、組体操で友達が手足を乗せて参加しました。

中学校一年生の九月に淡路島に野外活動へ行き、カッター訓練をしました。この時は、かかりつけの診療所の看護師さんに付いて来てもらいました。カッター訓練とは、一二人の漕ぎ手が左右に並び四メートル余りのオールで水をかくことです。ストレッチャーの上の部分だけ取り外してカッターに乗り、参加しました。波があって揺れたので怖かったです。砂浜の造形もしました。クラスの友達がベニヤ板を次々と置いて、ストレッチャーで砂浜に行けるようにしてくれました。嬉しかったです。この時発熱してしまいましたが、すぐにおさまりました。

高校一年生の五月に二泊三日で新入生オリエンテーション合宿で神鍋高原へ行きました。看護師さん二人と父が付いて行きました。歌を歌ったりニュースポーツというのをしたりしました。民宿のお風呂は狭いため、民宿から離れた福祉施設へ行き、お風呂を借りて入りました。私の自宅に介助の先生たちが来て入浴の練習をしてくれました。正直言って、合宿はあまり楽しくありませんでした。

九月に避難訓練がありました。終了後、二階の教室に戻ろうとしました。エレベーターが狭いためストレッチャーのリクライニングを上げたら、呼吸器の回路が外れてしまいました。私は呼吸器の回路が外れると息ができなくなり苦しくなり、最悪の場合、死に至ります。その時、私は介助の先生に「バクバクして」と文字盤で伝えようとしたけど、段々苦しくなり、父を呼び駆けつけたときには顔面蒼白でした。先生がバクバクしてくれたら大事には至らなかったと思うし、父が来てくれなければもっと大変なことになっていたかもしれません。

一月に修学旅行で北海道にスキーをしに行きました。サポートしてくれたのは、いつも学校で介助してくれる先生たち三人、父、いつも入浴介助に来てもらっている訪問看護師さん、現地の看護師さん二人でした。

このように、すんなりいかない学校生活でしたが、人工呼吸器を利用して医療的ケアが必要だからとみんなと一緒にやることを制限したり、危ないと禁止するのではなく、どうしたら誰もが安心して楽しく学校生活が送れるようになるか、当事者と一緒に考えて実現していったらいいなと思います。

ひらもと・あゆみ………一九八五生まれ。兵庫県尼崎市在住。ミトコンドリア筋症という先天性難病で生後六カ月で人工呼吸器をつける。人工呼吸器をつけた子（バクバクっ子）の在宅生活の草分けとして、地域の保育園、小中学校、高校に通い、大学受験は二浪で断念。二〇一一年、一日四八時間の介護時間で自立生活を開始。医療的ケアを受けながらの生い立ちや生活状況、学校生活、交通バリア問題などをテーマに講演や医療的ケアの講習会を行っている。

医療的ケアを必要とする子どもの保護者等の学校付き添い課題と合理的配慮

障害者権利条約や障害者基本法、差別解消法など法制度が整ってきた現在、各地の医療的ケアのローカルルールなども時代に即してアップデートされる必要がある。そして、「できない理由探し」ではなく、法の趣旨に則って合理的配慮を「どうしたら提供できるか」という視点で地域や現場ごとに検討を進めていくことが大切である。

下川和洋

はじめに

障害のある子どもの教育、特に肢体不自由特別支援学校は、歴史的に見ると保護者等の学校付き添い課題の克服の歴史であったともいえる。

一九七九年の養護学校義務制以前、肢体不自由と知的障害のある重度・重複障害児の多くは、就学猶予・免除により教育の機会を奪われていた（なお、就学猶予・免除の規定は現在も学校教育法第一八条に存在する）。学校に入学できたとしても、母親等が背中に子どもをおぶったり、手押し車に子どもを乗せたりしての通学や、筆記や食事・排泄などの日常生活動作に困難がある場合は保護者が付き添って介助しなければならなかった。その後、保護者等の学校付き添いをなくすために介助員の配置、複数担任制開始後は、摂食指導や排泄指導など教育の一環（「日常生活の指導」等）として教員が行うようになっていった。

一九八八年に東京都教育委員会は、痰の吸引や経管栄養などは医療行為であり、それらを必要とする児童生徒の教育は原則として、教師を家庭等へ週二～三回（一回あたり二時間程度）派遣する訪問教育または、通学する場合は保護者が行うこととした。医療職ではない教員が痰の吸引や経管栄養を行うことは、医師法第一七条違反ではないかという疑義があったための教育委員会の対応であった。一方で、家庭では保護者が日常的に行っている行為であり、医療職に限定された医療行為（医行為）ではなく、日常生活行為や児童生徒の個々が必要とする特別な配慮の一つとして教員が行っても良いのではないか、教員が行うのであれば教育的意義をもつことが大切であるとして教育実践の研究として取り組まれた。

本稿では、医療的ケアを必要とする子どもの保護者等の学校付き添いについて、現状と課題を障害者基本法や障害者差別解消法の視点を入れながら述べていく。

学校における医療的ケアの対応

小学校・中学校及び特別支援学校に在籍する医療的ケアが必要な児童生徒の対応について、過去に筆者が関わった事例とともに保護者の付き添い課題を含めた現状を紹介する。

（一）小学校・中学校等における対応

①事例

東京都杉並区立の小学校に通う小林恵《あや》さんは、肢体不自由はないものの気管切開部の吸引と胃瘻のケアが必要で、母親が毎日学校に付き添っているという記事が『読売新聞』投書欄（二〇〇〇年七月十一日付）に掲載された。

②小学校・中学校等における対応についての国の方針

文部科学省の調査によると、地域の小学校・中学校に在籍する医療的ケアが必要な児童生徒数は、七六六人（二〇一六年五月一日現在）である。

二〇一二年の改正社会福祉士及び介護福祉士法施行に向けて文部科学省は検討会議を設置し、「特別支援学校等における医療的ケアの今後の対応について」（二〇一一年十二月二十日）を通知した。この通知では、小学校・中学校等における医療的ケア対応の基本的考え方を、原則として看護師等が医療的ケアに当たり、教員等がバックアップする体制が望ましいとした。

③小学校・中学校等への保護者付き添い

二〇一五年十月二十二日に文部科学省は、「障害のある児童生徒の学校生活における保護者等の付添いに関する実態調査の結果」を発表した。医療的ケア対応のための保護者等付き添いが三八八件、その内、看護師が学校にいない又は常駐ではないことによる付き添いが三二六件であった。この報告の説明には、「平成二十八年四月には、合理的配慮の不提供の禁止等を規定した『障害を理由とする差別の解消の推進に関する法律』の施行を控えている。このような状況において、小・中学校における保護者の付添いは、今後も合理的配慮の提供において一つの論点となるものと考えられる（後略）」とある。この調査結果及び二〇一六年四月から施行される障害者差別解消法等を踏まえ、医療的ケアを必要とする児童生徒の教育の充実を図るため、従来、特別支援学校を対象にしていた看護師配置補助を小学校・中学校等にも追加し、看護師配置の拡充が図られた（二〇一八年度予算の配置人数　一五〇〇人）。

（二）特別支援学校における対応

①事例

『医療的ケアって大変なことなの？』（下川和洋、二〇〇〇年）では、医療的ケアの必要な児童生徒の一日の生活の流れを漫画で紹介した。その一コマが、次ページの図である。当時この学校では、医療的ケアを保護者が行う場合であっても学校敷地内で行うことが禁止されていたため、保護者が校門の外で吸引を行っていた。この漫画は群馬県の保護者が描いたものだが、同様な事例は当時、東京都立の養護学校でも聞かれた。

山梨県立甲府支援学校訪問学級に在籍していた北村哲史さんは、学校に通うスクーリングの際に保

護者付き添いを保護者自身から申し出ているにもかかわらず、人工呼吸器装着を理由に検診等で学校医が来校している日だけに登校制限するという対応を受けていた。『山梨日日新聞』は、「卒業間近『自由に登校を』 母が要望、学校側は難色」（二〇一〇年二月十二日付）という見出しでこれを報道した。保護者が責任をもって付き添うにもかかわらず登校制限を行った学校の対応は、文部科学省内でも話題にされていた。

埼玉県川越市の広田明理君は、時々経鼻経管栄養のチューブを自分で抜いてしまう。チューブが抜けた場合の再挿入を看護師は行わないという埼玉県のガイドラインがあるため、県立特別支援学校に就学するに当たって教育委員会は保護者に学校付き添いを求めた。しかし、就学前の保育所では看護師によるチューブ再挿入が受けられていた。そこで二〇一一年から二年間、就学猶予して保育所への通所継続を選択された。県との話し合い解決が難しいと判断した居住地の川越市は、保育所に勤務していた看護師を市立小学校に異動させて受け入れ体制を整え、二〇一三年四月に広田明理君は小学校の特別支援学級に入学した。

②現状

文部科学省の調査によると、特別支援学校に在籍する医療的ケアが必要な児童生徒数は、八一一六人（二〇一六年五月一日現在）である。同調査によると、第三号研修を修了して認定特定行為業務従事者として登録されている教員数は全国で四一九六人、教員以外が一二九人である。また、看護師と教員との連携により取り組んでいるのは三四都道府県、看護師のみが対応しているのは一三県である。いずれにしても、特別支援学校への看護師の適切な配置が望まれるため、特別支援学校配置の看護師数は二〇〇六年の七〇七人から二〇一六年には一六六五人と一〇年間で二倍以上に増えている。

③特別支援学校への保護者付き添い

二〇一七年四月十九日に文部科学省は、「公立特別支援学校における医療的ケアを必要とする幼児児童生徒の学校生活及び登下校における保護者等の付添いに関する実態調査」を発表した。学校生活で医療的ケアを必要とする通学生五三五七名のうち、保護者等が付き添っているのは三五二三名であり、その付き添い理由で最も多かったのは「看護師は常駐しているが、学校等の希望により保護者等が付添いをしている」であった。

この調査結果を受けて文部科学省は、都道府県教育委員会等に対して、「看護師配置には、教育体制整備事業費補助金を活用することが可能」、「看護師配置により保護者の負担軽減の配慮に可能な限り努めること」、「人工呼吸器の管理を含めた特定行為以外の医行為について個別に対応可能性を検討」、「スクールバスへ乗車は個別に対応可能性を検討し判断」、「通学に要する交通費（本人経費）においてタクシーや介護タクシーの利用料を特別支援教育就学奨励費対象とすることが可能」等と周知した。「一律には判断しない」という考えは、障害者差別解消法に対する文部科学省の対応要領に基づく考え方である。

文部科学省の取り組み

(一) 文部科学省モデル事業

二〇一七年度から「学校における高度な医療的ケア等に対応した校内支援体制充実事業」として次

の三つの研究課題を示して、北海道、大阪府、三重県、愛媛県、宮崎県、京都市、豊中市、神戸市の八自治体に研究を委嘱した。内容は次の三点である。

①医療的ケアに精通した医師を指導医として委嘱し、校内支援体制の充実を図る。

②人工呼吸器の管理等が必要な医療的ケア児における、学校の施設・設備や学校が設置されている地域の状況等を踏まえた受け入れ体制に応じて、指導医・医療機関・医師会・看護協会・医療系大学等と連携の下、体制の構築を図る。

③検証を踏まえ、教育委員会・医療的ケア運営協議会において、高度な医療的ケア等に対応するための医療的ケア実施マニュアル等を作成。教育委員会として学校の医療的ケア実施体制の構築を図る。

（二）学校における医療的ケアの実施に関する検討会議

文部科学省の通知「特別支援学校等における医療的ケアの今後の対応について」から五年が経過し、改正児童福祉法（二〇一六年六月三日施行）には人工呼吸器等を必要とする子どもたちの支援が明示された。そうした情勢のなか、文部科学省は「学校における医療的ケアの実施に関する検討会議」を設置し、二〇一七年十一月十日に第一回を開催した。

検討事項は、①責任体制のあり方、②人工呼吸器の管理など特定行為以外の医行為を実施する際の留意事項、③実施できる医療的ケアの範囲、④校外学習・宿泊学習など学校施設以外の場での基本的な考え方の整理、⑤看護師が学校で医療的ケアに対応するための研修機会の充実などが挙げられた。特に先の実態調査で、保護者付き添いの最大の理由が「看護師は常駐しているが、学校等の希望により保護者等が付添いをしている」であり、文部科学省では、保護者の付き添いなしで学校が受け入れられる体制の構築を目指す〔日本医事新報社「学校での『医療的ケア』、安全・適切な実施へ検討開始【文部科学省検討会議】」（二〇一七年十一月十三日）〕としている。

法令上のルールとローカルルール

「教員が研修してできる医療的ケアは、口の中の吸引だけ」、「学校看護師ができる看護行為は、教員に許されている吸引と経管栄養だけ」、「看護師が足りないので、看護師は教室をまわって順番に吸引していく」、「看護師が足りないので、保護者待機日を設定」、「教職員が対応するのは校舎敷地内と隣の公園までで、週に数日、それ以上の場合は保護者付き添い」……。これらは私が実際に各地で聞いた話である。このように学校現場ではローカルルールが蔓延し、その結果、保護者の学校付き添いがいつまでも解消しないでいる。

喀痰吸引等研修など医療的ケアの対応に関する法律は、二〇一二年の改正社会福祉士及び介護福祉士法で定められた。これによって医療職ではないヘルパーや教員等が医療的ケアを行う場合の研修が定められ、厚生労働省と文部科学省は研修テキストを作成した。比較すると法律に基づく内容が厚生労働省テキストで、人工呼吸器からの吸引手順を記した評価票を除いたものが文部科学省テキストになっている。さらに都道府県教育委員会はガイドラインをつくり、次に学校単位でのローカルルールがつくられるという構図ができている。厚生労働省が二〇〇五年に出した原則医行為ではないもの一覧や、文部科学省が二〇一六年にてんかん時の抗痙攣剤坐薬挿入を認める通知など、関連通知を知らないまま教育現場でつくられているローカルルールはたくさん存在する。

二〇一五年に鳥取県立鳥取養護学校で看護師全員が退職し、一時、生徒が通学できなくなるという事件がマスコミに取り上げられた。その後、私の聞く範囲でも数県で同様な出来事が起きている。いずれも医療的ケアの取り組みを看護師任せにしている学校であり、看護師任せにしない学校体制づくりが必要である。

おわりに

札幌市立の特別支援学校二校では、医療的ケアの有無に関わらず、全員の保護者に学校付き添いが義務付けられている。それは、札幌市立特別支援学校学則の「別表2　入学することができる児童又は生徒」に、「自力で移動できない肢体不自由と肢体不自由以外の重度の障害が重複している児童又は生徒であって、通学に当たり常時付添いが可能な保護者が札幌市に居住しているもの」という条件があるためである。この学則は、一九六三年四月一日施行なので、養護学校義務制（一九七九年）の一六年前から重度・重複障害児を受け入れてきた歴史があり、就学猶予・免除が当たり前のような当時で言えば最先端の取り組みであったと思われる。しかし、こうした学則が改正されることなくレガシー（時代遅れの物）となっている。親の会などは札幌市教育委員会に改善の要望書を提出しているが、依然として改正されていない。

日本の法秩序は、憲法を頂点としたピラミッドを形成していて、下位の法令等は上位に矛盾してはいけない。障害者権利条約や障害者基本法、障害者差別解消法など法制度が整ってきた現在、札幌市の学則や各地の医療的ケアのローカルルールなども時代に即してアップデート（更新）される必要がある。そして、従来、教育委員会や学校などの関係者に見られた「できない理由探し」ではなく、法の趣旨に則って合理的配慮を「どうしたら提供できるか」という視点で地域や現場ごとに検討を進めていくのが大切である。

■しもかわ・かずひろ……元特別支援学校教員。特定非営利活動法人地域ケアさぽーと研究所理事。

特集
学校における合理的配慮と親の付き添い問題

普通学級と特別支援学級を経験して

――同じ空間で一緒に学び合うためになくてはならない「安心」

学び難さの原因が子どもにあるという理由で、普通学級から特別支援学級へ。そこで子どもは安心感を取り戻せたが、誰もが同じ空間で安心していられるための工夫をする、という視点が抜け落ちたままで「教室を分けるのはあなたたちのため」という学校の考え方は受け入れ難かった。一緒に勉強できないのは子どもたちのせいではないはずだ。

小田智子

息子の中学校生活を支えているあたたかい目

小学校三年生から六年生の途中まで特別支援学級にいた息子が、中学生になり普通学級に通っている。中一にしては会話の内容がかなり幼いし授業もほとんどわかっていないが、不安を感じないで安心して教室にいられるのは先生方のあたたかい配慮があるからに他ならない。みんなと同じ教室で一緒に授業を受け、みんなと同じように部活に入り、共に学ぶ毎日が彼の成長を加速させている。

自分からあまり学校の話をしない息子とある日こんな会話をした。

「今日、学校で誰と話したの?」「『どいて!』って言った」。「誰に言ったの?」「黒板見えなかったの」。詳しく聞くと、どうやら数学の授業中に黒板が見えなくて教科担任に発言したらしい。学校の先生に対する言葉遣いはあまりよくないが、息子が授業に参加し人と関わっている様子が伝わってくる。

「先生は何て言ったの?」「にっこり笑ってた」。先生と息子のちょっとしたやりとりが微笑ましい。

息子が通う中学校には無言清掃という伝統があり、三年生のグループリーダーを中心に無言達成率一〇〇%を目指し、全生徒が黙々と掃除をするそうだ。声を出すと連帯責任になるという徹底ぶりで、無意識に独り言が出る息子には努力を要する作業だと思われる。グループリーダーが掃除中の息子の独り言についてどうすればよいか、職員室に相談しに来たと担任が話してくださった。子どもたちが自分で工夫できることを探しながら、お互いのコミュニケーションを深めるよい機会だと私は捉えており、息子にとっても大事な経験の一つと受け止めている。

学校の授業は息子には難しくほとんど理解できないまま進んでいく。初めてのテストでは五教科がほぼ学年最下位だった。「英語できなかった。僕わからなかった」と悔しそうにしていたが、Ｙｅｓ、Ｎｏが読めないのだから解答用紙が白紙でも無理はなく、自分なりに考えて記入したと思われる問題文丸写しの解答欄には赤いバツ印が並んでいた。毎日帰宅すると真っ先に教科書とワークを広げ、何時間もかけてひたすらノートに答えを書き写している。人の何倍も努力したところで追いつくことはなくても、息子が自分から学ぼうとする力は社会で生きていくための力そのものだ。息子が理科のワークに答えを写したとわかったうえで、教科担任が「よくがんばった」のメッセージと共にA評価と書いてくれた。生徒に対する先生のその眼差しは、人と人との良い関係を表しているように思う。

そして迎えた二学期。国語のテストで過去最高の三五点を取り、数学と英語も二桁に届いていた。本人が達成感を味わえたことは私も嬉しく、みんなと同じ空間にいることで自分から何かを学んでいるのだろうと思った。

数ある部活動の中から息子がどういうわけかバスケ部を選んだ。先生も部員もとても熱心に練習に取り組んでいて試合や大会も多いなか、我が子が同じ練習メニューや、まして試合に参加するなど想像もつかなかった。初めての試合で、息子が走らずにほとんど歩いて移動するのがもどかしかったが、彼なりに真面目にやっていることは部活の仲間がよく理解しているようだったし、そのようなチームづくりができる先生のおかげで、息子も当たり前のように試合に出してもらっており、感謝している。

電車で練習試合に行く日は息子にパスモを持たせて送り出すのだが、あるときパスモの入金不足で改札を通れず先輩がお金を貸してくれたことがあった。こんな経験ができるのも部活に入っているからだが、その一方、息子のせいで予定の電車に全員が乗り遅れたことは申し訳なかったと思う。駅の改札口で私がみんなの帰りを待っていると、バスケ部員たちがぞろぞろと出てきた。全員がそろったところで息子に「今朝どんなことがあったの?」と尋ねると驚いた顔をして、「がちゃーんって閉まっちゃった(改札の扉が)」と言い、その瞬間みんなが一斉に笑った。このあたたかい雰囲気があるから、これからも息子は頑張ってみんなについていくだろうと心強い気持ちになった。

普通学級から特別支援学級、そして再び普通学級へ

(一)悩みながら普通学級入学

思い返せば小学校入学前のこと。就学時健診で一人だけじゃんけんができなかった息子が、初めて発達検査を受けることになった。小さい頃から気になることはいくつかあったが生活にそれほど支障はなく、発達検査を勧められてもまさか普通学級にいられないかもしれないとは思わなかった。検査結果は納得できる内容だったが、学校からの話には引っかかることがあった。「苦手な課題には適切な指導をつけることがベストだが、担任が個別に対応したり新たに教員を増やすことはできない。本人の取り組みやすい状況を用意できる特別支援学級を考えてみてはどうか」と言われたが、なぜその理由だけで普通学級がだめなのか腑に落ちなかった。普通学級では本人が辛い思いをしたり、授業についていけなくなり安心して授業を受けられない可能性があるという説明にも、私は納得できなかった。今考えればそれは明らかな差別だが、学び難さの原因がこちらにあるという理由で、普通学級から排除されようとしていることを当時は理解していなかった。

特別支援学級について知りたかったので見学を希望した。歩き回る子や大声を出す子、独特な動きをする子もいたが、なかには障害が見た目ではわかりにくい子もいた。人懐っこそうな女の子が話しかけてきて、ここでは一人ひとり違う課題を与えられていると説明してくれた。それぞれ個性の強い子どもたちだが、目の前の課題に一生懸命取り組む様子は普通学級の子どもたちも見習うところがあ

るのではと感心した。なぜこの子たちはここにいてみんなと違うことをしなければならないのか。人間関係を育てようとするとき、様々な人間と日頃から接してたくさんの経験を積む必要があり、常に友達の見本が周りにある環境は欠かせないだろう。誰もが同じ空間で安心していられるための工夫をする、という視点が抜け落ちたままで「教室を分けるのはあなたたちのため」という学校の考え方は受け入れ難かった。一緒に勉強できないのは子どもたちのせいではないはずだ。

「無理をして普通学級にしなくても、初めから特別支援学級に行けば安心できるのでは」と夫は言った。確かに、適切な指導と必要な支援が行き届いているのだから安心できるのはわかる。だが、特別支援学級でなければ安心できないとはどういう意味なのか。「すべての教室でみんなが安心して授業を受けられるようにするのは理想だが、現実的ではない」と言われても、普通学級を経験させてもらえないまま最初から特別支援学級に決めてしまうのは不安だった。夫に言われた言葉を忘れられない。「みんなと一緒は親のエゴだろう。親が普通学級を望んで子どもが辛い想いをしても親の安心を選ぶのか」。息子が苦しい想いをするかもしれない。でもひょっとしたら普通学級でもうまくやっていけるかもしれない。二つのクラスが存在するために私の悩みが複雑になっているのは間違いなかったが、考えは変わらなかった。発達の遅れを見守りながら普通学級でみんなと一緒に学習する。最後は夫も受け入れてくれた。

小学校一～二年生の間は担任が同じで、息子は遅れながらもみんなと一緒に授業を受けていた。ただ、教室にいるときはほとんどしゃべらずいつもにこにこしていた。やがて算数を理解するのに時間がかかるようになり、先生の指示や友達のやりとりにもついていけなくなると、表情も硬く笑顔も減った。特別支援コーディネーターの勧めで、算数の時間だけ他の教室へ行って別の学習をするいわゆる通級を始めることになった。通級指導の先生と一対一でお金の数え方を練習したり、パソコンをさわったり、学校探検をしているときは笑顔も見られると聞いて私もほっとした。

（二）担任が替わり、必要な声かけも配慮もなく放置される

三年生に進級するときに普通学級ではさらに厳しくなるといって特別支援学級を再度勧められたが、このときも断った。教員不足という学校の都合で通級指導がなくなり、クラス替えのため担任も替わったので覚悟はしていたが、息子はクラスのなかで取り残されていった。ノートがいつまでたっても真っ白のままで、忘れ物を繰り返すようになり、授業に必要なものがなくても担任は必要な配慮をせず授業を進めた。「わからない授業のなかにいることが本人にとってストレスになっている」として繰り返し特別支援学級を勧められたが、それを断ってしまった手前、息子が担任から放って置かれても受け入れるしかなかった。息子は他の子よりも理解するのに時間がかかるが、丁寧でわかりやすい説明があれば理解できるので、担任には可能な配慮をとお願いしてきたが、聞き入れてもらえたとは一度も感じられなかった。

ある日の授業参観で、息子が授業に参加できていない理由が明白になった。各班ごとに前に出て発表するのを理解できない息子が、一人だけ自分の席に座ったまま戸惑っている様子だったので、目の前の担任から何か声かけがあればと私は感じていたが何も指導はなく、その状況が二度も繰り返された。見かねたように、ある生徒が近寄って息子に声をかけ促したが、それでも担任は何ごともなく授業を続けた。これまで何度も配慮をしてもらえるよう掛け合ったが聞き入れてもらえず、我が子ばかりが疎外感を与えられてきたことに耐えられなくなり、特別支援学級に移る決断をした。みんなと今まで受けてきた授業や、ずっと一緒に過ごしてきた友達との関わりを失う不安が残った。

（三）特別支援学級で居場所はみつけられたが

特別支援学級には安心できる居場所もあり、息子が自信を取り戻していくのを感じた。そこで出会った仲間たちと息子の関わりから私自身も多くを学んだ。障害のあるなしで分けた教育では、お互いの違いを認め合う多くの機会を失っていて、小学校で友達と当たり前に過ごす大切な時間や体験に限

界があることも知った。私は普通学級と特別支援学級の交流を進めてほしいと伝えて、形だけの交流ではなくすべての子どもをみんなで育てているという意識を学校全体で感じられるようにしてほしかった。特別支援学級からやってくる子どもたちをお客様として教師が接していたので、周りの子どもたちも同じようにお客様として接するのは何ともやりきれない気持ちになった。

六年生の一学期に、普通学級の家庭科でナップザック製作の授業があり、交流を深めるよい機会なので息子も参加させてほしいと申し出たところ、承諾していただいたにもかかわらず、一緒に作らなかったことがあった。交流学級（普通学級）の担任の判断により、息子だけ別の教室で補助教員の指導の下、たった半日で仕上げたということだった。なぜ一緒に作らなかったのか問い合わせると、「どこで作っても仕上がりに差が出るものではなく、普通学級で作ろうと特別支援学級で作ろうと変わりないのでは」と返された。確かに、作り方だけ教えるなら私が家で教えても変わりないが、では教育とは何だろうと考える。

（四）小学校六年生で再び普通学級に戻る

普通学級でしかできないことがあるからこそみんなと一緒にと頼んだはずで、特別の教室でレベルに合わせたことをやるだけでは社会で生きていくための力が十分に育たず、友達とふざけたり、からかわれたりしてもいいので、何気ないやり取りのなかから世の中で生きるための練習を重ねていくものだと私は思う。学校という小さな社会のなかで経験し身に付けたことは、将来本当の社会に出るときの力となり、その力を育てる手助けをするのも教育と言えるだろう。親は子どもより長くは生きられないことを考えればその思いはより強くなり、再び普通学級へ戻る覚悟を決めた。

普通学級に戻ればまた辛くなるのではと心配する人もいたが、一緒の経験ができる喜びのほうが大きかった。授業についていけなくても不安を感じないように、本人のありのままで安心していられるクラスにしてほしいと学校に伝えた。しばらくして授業参観があり、新しいクラスにいる息子の様子を見に行くと、落ち着いて授業を受け、休み時間には友達と笑い合ったりふざけたり楽しそうな姿があった。安心してみんなといることが何よりも嬉しかった。

中学校で

息子の希望もあり中学校も普通学級を選んだ。

「今日は部活で何したの?」「バスケットボールの練習」。「今度の調理実習で何を作るの?」「わかりません」。

思春期真っ只中の中学生が面倒くさい質問にも真面目に答えてくれるところは息子らしい。朝「行ってきます」と何度も笑顔で振り返りながら駆けていく姿や、「ただいま」の元気な声がすべてを伝えてくれる。

部活がオフの日に友達から自主練習の誘いがあった。近所の市民体育館に集合したが使用できなかったため、何人かでふらふらと練習場所を探しながら結局ゲームセンターにたどり着いたらしい。友達が仲間の一人として何の疑問もなく息子を連れて行ったことはすごいと思う。中学校の先生がたまたま車で通りかかってその様子を見かけたと電話で話してくださった。「あいつらよく連れて行ったなぁと思って褒めておきました。俺も嬉しかったんで」。息子がみんなに好かれているのは彼のキャラクターのおかげだといつも言ってくださる先生方が、周りの生徒たちと息子を上手に繋いでくれている気がする。そして、こうした環境に恵まれながら、今後も息子が社会勉強を重ね、対人関係をしっかり学んでいくことを望んでいる。

分けられた教室が必要だという声もある。また、支援や配慮が十分に整った特別支援学級があることも聞いている。けれども、多様な人間が身近にいることで、相手の立場を尊重し思いやる気持ちが育まれることを、私自身が実感している。はじめからみんな一緒にいるのが当然だと教えることからスタートすれば、障害のあるなしに関係なく、違っていることが当たり前の世の中に変わっていくように思う。

障害があるからといって特別扱いやお客様扱いされたり、疎外感を与えられるのは悲しいことだが、人が集まれば様々な課題が生まれる。でも出会わなければその課題にも気付かないだろう。人と違ったり周りと合わないからこそ、学ぶ場面や可能性が広がると思う。難しくてわからなくても、みんなと同じテストを受ける息子のように、自ら学ぶ力を引き出すためにはクラスみんなの存在が欠かせない。そしてそのなかの一人として活躍できるチャンスを息子にも与えてほしい。

すべての子どもたちに学びの機会を。

■おだ・ともこ……主婦。千葉県在住。現在、中学一年の息子と小学四年の娘を育てている。

高校受験時の配慮と「〇点」の壁
――今こそ高校は希望者全入を

様々な障害に対応した色々な配慮が行われ、不利益が解消されてはいるが、重度・最重度と言われる知的障害のある人にとって、どんな配慮がされようが試験の問題が解けるわけではない。高校の定員は、教育を受けられる数を公表した県民への約束であり、定員内不合格を出し続けて教育機会を奪うことは人権・学習権保障の問題である。

高村リュウ

はじめに

千葉県では、「千葉『障害児・者』の高校進学を実現させる会」（以下、高校の会）が「〇点でも高校へ！」の言葉を掲げて、試験で点数を取ることが難しい、主に知的障害のある子どもの高校進学を実現させるために運動を続けて約三十年が経ちました。知的障害のある子どもたちの前に適格者主義の壁は高く厚く、今年、高校の会からの受験生は二月現在五人ですが、その中に浪人生が二人います。五浪生と一浪生です。障害の重さを理由としているとしか思えない状況で、定員内で落とされ続けているのです。それでも、子どもたちは何度落とされてもまっすぐに高校に向かっています。我が子もかつて当事者であり、その後も毎年当事者親子の間近にいて応援している立場から、高校受験時の配慮と実際の状況を述べ、高校入試について考察します。

千葉県での受験時の配慮の始まり

高校の会の受験生への受験時の配慮が始まったのは、一人の受験生の存在でした。彼は一九九四年に高校を受験しました。しかし不合格になりました。彼の親は「高校へ行くことは当たり前のことで、知的障害が故に点数という形に表せないだけのことで、落とされる理由は全くない。兄と同じようにごく当たり前の生活をしたいだけなのに『知的障害』が故に○点では高校に入れないという現実が立ちはだかるのはおかしい。子どもは中学生活の延長上でみんなと一緒に高校生活もしたいと様々な形で訴えてくる。背の高い人もいれば低い人もいるように、たまたま「障害」をもち合わせているだけなのに、このことで不利益になるなら、この現実は受け入れるわけにはいかない。社会にはまだまだ『障害』による不利益が様々な形で壁になっていることが考えられる。この壁を越えなくては、次の壁も『障害』を理由にして避けるような気がして、ここでは引き下がれないと思った」と、「落とされて忘れられてなるものか」と題した手記の中で書いています。そして浪人を決意します。

一年目の受験は、特に配慮を受けることなく、みんなと同じ教室で一緒に受験しました。次の年の一九九五年は県教育委員会のほうから、別室での受験を提案されます。親としてはみんなと一緒の教室で構わないと思うわけですが、別室受験が行われます。知的障害者の不利益を解消するというより、一緒に受験されては困る、何とかしなくては、という学校側、教育委員会側の思いからの始まりだったのではないでしょうか。そしてそれが一九九六年には、障害のある人の受験上の配慮について「特別配慮申請書」という形で制度化されました。同時に入学者選抜実施要綱に「障害による不利益のないようにすること」の文言が入りました。

そしてやっとこの年から、県教育委員会は、高校の会との話し合いに応じるようになり、障害者の高校進学に関して定期的に話す機会をもてるようなりました。現在も受験生が一番前に座り、年九回ほど県教育委員会との話し合いが続いています。

この方は三年浪人し、四年目に高校生になりました。その後も高校の会では受験生が続き、毎年のように浪人生が続いていきます。落とされても落とされても、千葉県の地元の高校を受験し続ける当事者の存在が、高校や教育委員会側の対応を引き出したのだといえます。

配慮が合格と結びつかない

高校の会では、高校受験で配慮を受けた内容を毎年集めて一覧表にしてまとめて、新しい受験生が利用できるように情報提供しています。

例：《他の受験生と一緒に受験する場合》緊張で次の動作が起こせないそぶりをしていたときは教職員が声かけを。座席は背面からの視線が気にならない位置に。面接時平易な言葉で問いかけを。《介助受験をする場合》別室受験。介助者による代読、代筆。解答欄の指示。選択問題をカードを使って選択。文字盤の使用。面接の質問は「はい」「いいえ」で答えられる内容に。面接で写真や作品を用いる（見つめたものを回答として介助者が伝える）。作文の題について介助者がわかりやすく説明する、など、そのお子さんによって必要とする配慮は異なるため、年々例が増えていって現在では八〇項目以上になっています。

千葉県では確かに様々な障害に対応した色々な配慮が行われるようになってきました。そのことによって不利益が解消され、障害のある子が高校受験をするときに、試験に平等性が確保される例はあると思います。しかし、重度・最重度と言われる知的障害のある人にとって、どんな配慮がされようが試験の問題が解けるわけではありません。それなのに、テストで点数を取って入ってこいと言われる。こんな理不尽なことはありません。根源的な差別の中で受験させられていると毎年強く感じます。

さらに理不尽なことは、実際に、選択問題をカードで選ぶなどの受験方法でかなりの点数を取っている場合もありますが、かなりの点数を取っているにもかかわらず、その点数は評価されていないかのように落とされている例があることです。公平でも平等でもない、「障害者排除」を感じてきました。

では何のために配慮を受けているのでしょうか。それは今の受験制度の中では、受験する本人が、安心して試験を受けたり、その時間を過ごすため、ということだと思います。その程度の配慮でしかありません。高校生になるためには願書を出し、選抜試験という形に乗らなければ合格できない仕組みになっているからです。

文部科学省が行った全国調査「平成二十九年度公立高等学校入学者選抜の改善等に関する状況調査」の中に「障害のある生徒に対する配慮」という項目があり、全国の都道府県から受験時の配慮内容などについて障害の種類ごとに件数があげられています。

その項目の中には、「ヒアリング試験での配慮・免除」という項目があり、聴覚障害のある方が配慮を受けています。聴覚障害があるのだから、聞くことでの試験は配慮・免除。であるならば、知的障害があるのだから知的なことを問われる試験は配慮・免除、でもいいのではないでしょうか。

定員内不合格の体験

もう一二年も前のことですが、私は息子と高校の合格発表の番号が書かれたボードの前でぼう然としていました。定員が大きく割れている高校でしたが、息子の番号はありませんでした。目の前に椅子が見えているのに、座らせてもらえなかったのです。息子の全人格が否定されたように感じて強い衝撃を受けたことを、その時の寒さや情景と一緒に今でもはっきりと思い出すことができます。

それと同時に、一緒に合格発表を見に行ってくれた会の仲間たちが息子に向かって口々に「よく頑張った。えらい。あなたは全然悪くない。間違ったのは学校のほうだ」と言って褒め称えて息子の肩を抱いてくれた温もりも思い出します。息子はその支えがあり、その後も受験を続けて別な高校に入学することができました。そして高校はほとんど休まずに通学し、全ての単位を取って胸を張って卒業しました。息子は二七歳になった今でも「合格です！　あはは」と言って、合格のときの喜びを何度も再現します。息子にとって、高校合格は人権回復の瞬間だったのだと思います。

息子の合否を分けたもの

息子を不合格にした高校と合格にした高校の違いはなんだったのでしょうか。

二つの高校の受験の間に息子が点数を取れるようになったわけでも、字が書けるようになったわけでも、言葉が話せるようになったわけでもありません。受験時の配慮が変わったわけでもありません。そのままの、〇点のままで、ある高校は不合格とし、ある高校は合格にしました。これはつまりは息子の問題ではなく、受験時の配慮がどれだけあったかということでもなく、その高校のあり方の問題であり、重度と言われる知的障害のある息子と付き合う姿勢があるかどうかというだけの問題だったのだと思います。

入った高校は、ノートの取れない生徒は初めてということで、なぞり書きならできる息子に合わせて、板書の内容をあらかじめプリントにしておき、トレーシングペーパーをその上に置いて、その上をなぞるということから始めて、ノートの隣に置いて書き写ししやすくするなどの工夫をしてくれました。息子はテストで評価すると赤点になりますが、遅刻も欠席もほとんどないこと、勉強が好きで授業態度が良いこと、プリント類はなぞり書きや答え写しで全部提出できるように工夫したことで、今までの評価の基準を変更して、単位の取得、進級についても全て達成したと評価されるに至ったとのことでした。つまり、できそうにないから入学させない、ではなく、入学してからその都度いろいろ考えた、ということです。

この、付き合う気のある高校（校長・職員）とない高校（校長・職員）という、まるで当たり外れの運しだいのようなことに翻弄されているのが千葉県の実情です。

変わらない定員内入学拒否の現状

息子の受験から一二年が経ちました。高校の会が昨年九月に県内公立高校全校に対して行った公開質問状（回収率一〇〇％）では、昨年の春も千葉県では県内公立高校一四六校（全日制一二八校、定時制一七校、通信制一校）のうち二九校（全日制一八校、定時制一一校）で、延べ一六四人（全日制九四人、定時制七〇人）もの定員内不合格者を出しました。このうち七人は高校の会からの受験生の数字です。

千葉県では前期選抜、後期選抜、二次募集、追加募集、秋季募集と五回の受験機会があり、追加募集と秋季募集は定時制高校だけが行い、まさに教育のセーフティネットとなる受験です。追加募集で九人、半年浪人してから八月に受ける秋季募集でさえ、二人の定員内不合格者を出しました。千葉県の高校は、この、たった一一人の子どもを見捨てたのです。

定員内で不合格にされて肩を落とす何人もの子どもたちの姿は、一二年前と何も変わっていないのです。一六人募集の定時制高校追加募集で四人が受験したのに、合格発表の日にその高校に貼られていたのは「合格者なし」の張り紙一枚のこともありました。校長から「不合格にしたのは障害が理由ではありません。他のお子さんも不合格になっています」と言われたことも何度もあります。この説明の不条理さに憤りを覚えます。

高校からは「充分配慮はしました」と言われます。でもそれはみんなと同じ試験に臨むためのものであって、知的なことを問うことそのものが差別であり、合否を決めるときにその差別を解消するための配慮は全くされていません。

高校の定員は、その人数分の席を用意し、教員を用意し、その高校で教育を受けられる数を公表した県民への約束の数字です。しかし、毎年定員内で入学を拒否する学校には「県民への約束違反」という意識は感じることができません。

文部科学省は、毎年「公立高等学校入学者選抜の改善等に関する状況調査」を行っていて、その中に「志願者が定員に満たない場合の対応等について」の項目もあります。平成二十九年度の調査結果では、「定員内であれば原則不合格は出さないこととしている」と回答したのは、茨城、栃木、埼玉、東京、神奈川、新潟、長野、愛知、三重、滋賀、大阪、兵庫、奈良、和歌山、福岡の一五都府県となっています。住んでいる場所によって、同じ子どもが高校生になれたり、なれなかったりするという地域差が存在しているということも事実です。千葉県で定員内で落とされた子が、もし公立高校で定員内不合格のない社会が実現している東京都や神奈川県に住んでいたなら、高校生になれたということもありえます。これもおかしな話です。どこに住んでいようと定員が空いていたら落とすべきではありません。

また、定員が空いているなら本来試験は不要のはずです。選抜試験は定員に対してオーバーしているから行うことであって、定員に満たないなら選抜の必要はありません。首長選挙でも議員選挙でも、定員が空いていたら、資質が問われることもなく無投票で当選することを考えると、市民感覚では当然のことだと思えます。

人権の問題

今まで、合格発表の場では、高校の会の受験生の他に、一緒に定員内で不合格になる子どもたちに何人も会ってきました。理由を知りたいと果敢に校長との面談を申し込むお子さんもいました、肩を落として親と一緒に無言で立ち去るお子さんもいました。

千葉県では、一体どんな子が一緒に定員内不合格という理不尽な目にあっているのかを明らかにして、救う道を探ろうと、一月に「『無償化』からも『セーフティネット』からもこぼれる一五歳を救え！」というテーマで集会を行いました。集会では児童自立援助ホームの施設長、自主夜間中学の先生、保護司、障害児の親、不登校引きこもりの親、の方から話を伺いました。「不登校」になった子も、「非行」で学校から遠ざかった子も、「障害」を理由に何度も入学を拒まれてきた子も、多くが「高校生」になることを実は願い、高校に合格したことがその後の人生の支えになる。「もしかしたらやり直せるかもしれない」「生き直せるかもしれない」と思う子どもにとって、「高校合格」は自信を与えられ、自分の将来を切り開いていくチャンスとなる。高校を卒業しないとアルバイト先も限られ、専門学校に入るためには高卒でなければならないなど、実際に社会の中で生きづらくなる。門前払いはせず、すべての子どもに機会を与えることが「セーフティネット」として求められる、という話がありました。

また、障害児が高校に入れずに浪人したら、一五歳から一八歳までは学校に通っていることが前提の制度設計のため、日中を過ごすのに必要な障害福祉のサービスが利用できなくて困った、という発言もありました。この集会で、さまざまな立場の方からお話を伺い、教育機会を奪うことは子どもの人権・学習権保障の問題であることが改めて浮き彫りになりました。

高校は希望者全入を

高校の会が発足してから三十年たち、当時と今では確実に変わったものがあります。それは高校進学率と中卒就職率の変化です。千葉県では、高校進学率が九四・三％（平成元年）から九八・九％（平成二十九年度速報値）となり、中卒就職率は二・五％（平成元年）から〇・二％（平成二十八年）となりました。平成元年には高校に行かない子は五五七四人いました。平成二十九年には六〇七人です。この数字の中で、千葉県は延べ数とはいえ一六四人もの定員内不合格を出しているのです。

一方、この間に子どもの教育の機会を保障するために多くの法律もできました。高校の無償化、子ども貧困対策法、形式卒業者の夜間中学校受入、障害者差別解消法、教育機会確保法などです。

高校無償化というのは、一五歳から一八歳までのすべての子どもに学習機会を保障するということです。もう高校は、点数を取って入るところ、点数の取れる子が入るところ、高校の勉強についていけるレベルの子が行くところ、という、いわゆる適格者主義ではない、人権ベースの価値観で希望者全入の時代へと転換する時ではないでしょうか。そして、その先には義務教育化という段階があると思います。

「〇点でも高校へ！」の先は、一人も見捨てられることのない道へとつながっていくと信じています。

■たかむら・りゅう……千葉市地域で生きる会代表。障害のある子の親。

特集
学校における合理的配慮と親の付き添い問題

ノートテイカーとしてかかわるなかで

授業内容はもちろん、先生の雑談やお小言、他の児童の発言やおしゃべり、先生とのやりとり等の内容を要約してノートテイクして伝えることで、自分が聞こえている以外の世界で起きているクラスメイトの微妙な本音を知ってしまったA君。共に学ぶ場だからこそ起きる障害の自己認識・受容をめぐる葛藤を、支援する側から考える。

樋口早苗

はじめに

知的障害児の介助者として中学校に二年間通ってから八年ぶりに、今度は小学校へノートテイカーとして通った一年間の、今から一三、四年前の記録です。中学校での介助者のときと同様に、専門団体からの派遣ではなく個人で引き受けたものなので、要約筆記の原則は踏まえつつ、現在より少し血の気が多かった頃の感想を綴ったものです。

始まりは

大学でのノートテイクが終了しようとしていた一月末に、S区の小六のノートテイカーを探しているのでどうかという話がきました。朝が早いのできついかなと思ったのですが、小学校に潜入できるという好奇心から引き受けることにしました。

始業式の日にもう一人のノートテイカーと利用者であるA君のお母さんとで学校に出向き、校長・教頭・担任と打ち合わせをしました。A君にノートテイクを付けるのは週六時限。難聴学級へ行く日を外して月・金に三時限ずつとなり、私は月曜担当に。ノートテイクとは、聞こえない人の隣席で話し手の話を聞きつかみ、その場で内容を要約して筆記して伝える聴覚障害者のための情報保障手段の一つです。ここではA君の隣で授業内容はもちろん、先生の雑談やお小言、他の児童の発言やおしゃべりや先生とのやりとり等と校内放送などを紙に書いてA君に伝えるのが仕事です。

A君は補聴器装用で大きな音は聞こえても言葉は聞き取れません。彼の発声も不明瞭で、聞き取るのはかなり困難です。家では手話も使っているそうですが、クラスで手話ができる子は一人だけ。他の子とのコミュニケーションはA君が相手の口形を見ながら勘を働かせていますが、なかなかスムーズにはいきません。どうしても知りたい、知らせたいときは筆談をしますが、そこまでやってくれる子はごくまれ。A君はこれまでずっとそういう環境の中でやってきたので、特に不満は感じていないようでした。

六年一組

A君の学年は一クラスのみで三五人。五年生時にあまりにも問題が多くてベテラン教師のB先生（五〇歳前後、柔道体型、一見強面）が着任したようです。保護者会では「このクラスにいると、うちの子も馬鹿になる」と堂々と言い放つ親や、日曜の運動会を休ませて塾へ行かせる親もいたそうです。

B先生は見かけと違って、ソフトに楽しく児童らと付き合おうと努力されていましたが、子どもたちのほうが全然のってこない。「こんなことは初めて」と、B先生の落胆ぶりは相当のものでした。小六の学習内容は難しくなく、おしゃべりな子の発言や、それに対する担任のうんざりした返答や、時にはバトルの様子も余裕で書けました。学習内容そのものより、担任のお小言のほうに圧倒的に多くの枚数を費やしました。

もう一人のノートテイカーと毎週ＦＡＸで情報交換していたのですが、月曜の私の見る子どもたちと金曜の子どもたちとはまるで様子が違いました。月曜の子どもたちはボーッとしていてやる気なし。担任が何を言っても応えない。私語は少ないが、授業に集中している子はほとんどいないように見えました。A君も同様で教科書に落書き、消しゴムかすを丸めてコネコネ、ボンドを指に塗っては剥がすパック遊びなどに専念していて授業は上の空。私が書く紙には目もくれません。教室内に異変を感じたときだけ自分から紙を取って読みましたが、それ以外では先生に質問された内容が分からなくて、先生に「紙を読め！」と言われてあわてて覗くだけです。

だから小学生にノートテイクはまだ必要ないのでは、と思ったりしました。小学生の勉強は家庭学習でこと足りるので、自分から要求し出す中高生からでも遅くはないのではないかと。それまで大学生や社会人の熱心なノートテイクの要望に応えるべく頑張ってきた私には全然物足りなく、でも仕方なしにせっせと書いていました。

一学期の終わり頃にお母さんから、A君は家に持ち帰った紙を読み返して日記の参考にしていること、「今日はこんなことがあった」と話したい部分だけを見せに来ることを聞きました。しかし学校でノートテイクに目もくれないという彼の態度に変化は見られませんでした。教室で書かれたものを読むことに抵抗があったのでしょうか。

読んではくれないけど、私たちノートテイカーに嫌な顔を見せたことはなく、落書きや自由帳に描いた長編シリーズの劇画を見せて説明してくれたり、音楽鑑賞や観劇の感想文に「聞こえないのに解るわけねーだろー」なんて書いたのを見せてくれたりしました。校庭が使えない日の二〇分休みの半分くらいは、私とゲームの新キャラを作ったり、自由帳の劇画の解説をしてくれたりして過ごしました。そうでないときは普通に男子同士で走り回っていました。

金曜の子どもたちはパワー全開で担任や専科の先生とのやりとりも凄まじく、授業時間全部がお説教で終わったことも一度や二度ではなかったとか。金曜のノートテイカーは、二〇分休みにはいつも教員室でお茶を飲みながら愚痴を聞いていたそうで、担任には私以上に同情的でした。

席替えが毎学期二回ありますが、A君はいつも最前列で、ノートテイカーが付く都合上廊下側か窓側のどちらかの端でした。驚いたのは教師が板書して教えるという授業の少なさ。自分で教科書を読んでドリルをする、新聞を作るというのが多かった。理科の実験では先生の指示通りまじめにやる班は皆無だったのか、いたずらが過ぎてたいてい「いい加減にしろ！」と担任が爆発していました。算数は習熟度別に四グループに分かれて（グループ分けは自主判断）、それぞれにシルバーボランティアの先生が入ってプリントをやっていました。テストは事前に教科書を一〇分見させてから実施。点数はつけずに間違った個所をやり直して提出させるというやり方でした。

音楽は超元気な、「合奏合唱命」という感じの熱心な先生。いくら楽譜を指さしても、聞こえないA君がみんなと合わせてリコーダーを吹くのは至難の業。A君も適当に合わせるふりをしているだけ。先生の満足のいく合奏が終わって、他の子と教室に戻ろうとするA君を呼び止めて「太鼓をたたいてごらん。耳をつけると響くでしょ」とA君のことは忘れていませんよというパフォーマンス。（と私には思えた。）早く逃げたいA君は「うん、聞こえた」とポーズしてそそくさと出ていきました。

小学校の場合、主要五教科は午前中に組み入れてあるそうですが、三時限続くことはなく、必ず総合や音楽・体育などが入り、ノートテイカー用無しの時間帯がありました。何もせず一時限をやり過ごすのは苦痛であり無駄なので、週二回三時限ではなく週三回二時限にしたほうが有効だったかもしれません。

友人関係

一学期のある時、S君（唯一手話のできる子）が悪さをして担任にとがめられ、逃れようと「Aがやったんだよ」と言いました。その会話を書いたノートテイクを見て、A君が抗議したことがありました。こういうことはA君もS君も初めてだったらしく、S君は、ノートテイカーは自分の言ったことまで書いちゃうんだというような顔をし、以後私の前では発言を控えるようになりました。

学校では行事ごとにグループをつくらせます。A君はいつもH君と一緒にどこかに入れてもらっていました。H君が必ず「おれA君と組む」と言うのを、私はいい子ぶってるなと思っていました。けれどA君のお母さんによるとそうではなく、H君はクラスで嫌われていて、黙っていると自分が取り残される恐れがあるので、それを避ける手段としてA君を利用しているらしいとのこと。

席がいつも近くて、休み時間も授業中も一番A君と絡んでいたD君。授業中二人で悪ふざけをしているのに、叱られるのはいつもD君だけ。出来のいいほうではないけれど、それ以上に要領が悪くて叱られることが多いD君。教頭にどうしようもない子と言われたD君。提出物をいつも出さなくて担任をイライラさせるD君。でも、A君の描く劇画の一番の読者で、くだらないことを筆談してくれ、意外にプラモは上手で、意外に苦手だったA君に教えてくれるD君。二人の間に友情なんてまだ意識されてなかっただろうけど、別れて欲しくないと思えた二人でした。

管理職と担任の確執

担任は生徒との確執より、教頭との確執のほうが負担だったと思います。私の目にも、教頭のクラスへの介入の仕方は不快で、疑問すら感じました。担任が不在の日に代わりに来た教頭は、朝からお説教モードフル回転。甲高い早口でガミガミまくしたて、耳をふさぎたくなる騒音でしかない。当然子どもらはそっぽ向いて知らん顔。それでますます教頭の音量はアップする。しまいには「B先生はそれでいいと言ってるの？　まったくもーっ、どうなってるのこのクラスは」と、子どもらの前で担任批判となる。一学期まで担任に無視を決め込むことが多かった男子たちが、担任に「おれ、教頭先生に何か言われたらめちゃくちゃ反抗したくなるんだよね」と漏らすようになりました。やっと生徒がB先生に向いてきたのに、B先生の授業中にお構いなしにズカズカと教室に入ってきて、生徒をつかまえ「あなたねー、そんなことしていいと思ってるの！」とやりだすのも度々で、担任が登校拒否になるのではないかと心配になったほどでした。

月曜は祭日となることが多かったので、その分を他の日と振り替えられないかと提案したら、もう教育委員会に計画表を提出済みなので変更はできないとバッサリ。その際に「本当はA君もなかよし学級に行ってくれると、こんな面倒なことしなくても予算はたっぷり付けられるのに」とポロリ。他にも三学期の中学受験真っ最中の時期に、みんなのいる教室で「あなたどこの中学受かったの?」と質問したのにも目が点になりました。

卒業式

三月になって、卒業式の練習が始まりました。その練習で、なかよし学級にもう一人六年生(N君)がいたことを初めて知りました。遠足や移動教室には一緒に行っていたようです。学生のような若い女性の介助者がつきっきりです。卒業式の練習のために体育館へ移動するときには、なかよし学級経由でN君を誘っていくようにと担任は指導していましたが、誰一人声を掛ける子はいなくて、介助者が何もかも面倒をみていました。

卒業式にノートテイクをつけるかどうかを、ずいぶん親子で話し合ったようです。一人だけなら来てもいいというA君の希望で、私が行くことになりました。どうすれば目立たず役目を果たせるかを、お母さんと担任が考えてくれ、卒業生の列の移動に合わせて忍びの者のように教師席とA君の隣席との間を行き来することになりました。

卒業生の「希望の言葉」、校長の祝辞、教育委員の祝辞を書き終えたところで、場違いなラップミュージックにのって頭にどでかいレモンの被り物を被ったPTA会長が歌いながら登場したのにはびっくり。A君も驚いた様子で私の手元と巨大レモンを交互に見ていました。ひと言ずつ順に口上する「門出の言葉」は、A君の番になったら隣の子が突っついて知らせることで問題なくクリア。「巣立ちの歌」は、大きな歌詞カードを私と隣席の先生とで教師席から指し示す方法をとりました。

式終了後にお母さんが「Aがみんなと一緒に歌っているのを初めて見た」と感激されていたのが、

以前を知らない私には意外に思えました。仕方なく口をわずかに動かしてるだけにしか見えなかったのですが、彼にとっては仕方なくでも口を動かす気になったのは大きな成長だったようです。担任はそれまで見たことのない飛び切りの笑顔で、あちこちのスナップ写真に収まっていました。

ノートテイク（情報保障）で何をどこまで伝えるのか

Ａ君はこれまで少ない情報の中でその少なさに気づかず過ごしていたのが、ノートテイクが付いたことによって、自分には聞こえていなかったことがこんなにあるということに気付き、自身の障害を認識したようです。同時にそれを受容するのに大変な葛藤があったと思います。中学校はお母さんの当初の期待を裏切って、ろう学校に進学することに決めました。本人の出した結論に、お母さんも賛成し応援することにされました。結果的にお母さんから感謝の言葉を頂いたものの、本当はどうだったのでしょうか。あまりにも気軽に引き受けてしまった私としては、ノートテイカーとして今まで感じたことのないほろ苦さが残った経験でした。

■ひぐち・さなえ……手話通訳士。平成二十三年まで一五年間、要約筆記者として活動。

Ａ君のお母さんからの返信

お久しぶりです。お元気ですか。

報告書を読ませて頂きました。不快だなんて全然です。それよりも私が見えていなかった多くのことが書かれていて、へえ！　という思いと、驚きのほうが大きかったです。今の教育現場を考えさせられますね。あの当時から蓄積されてきているんだなと実感いたした次第です。

あの当時を少しずつ思い出して、私なりにも考えてみました。

親としてノートテイクは意味があったのだろうかと問うことは正直ありました。が、意味はあったと思います。あの時の樋口さん大野さんのバックアップがあってこそ、今Aは多くのことにその経験を活用していると思います。

まず、早い時期に周りでは聞こえる以外のことが起きているんだということを知り、障害受容という大きな山にぶつかったことです。自分のハンディに向き合えたことは人生を大きく変えたと思います。

その一例が聾学校への入学です。

聾学校ではわかる授業の中で、本来の自分自身を出し、同じ悩みをもった友と時間を共有できました。その後、聾学校高等部、大学は筑波技術大学へと進み、情報保障のある中での教育を受けました。もし、あの時自分には聞こえるものがすべてではなく、聞こえていないことがあるんだということに気づかなかったら、今の人生は違ったものになっていたのではないかと感じます。

本人にノートテイクの意味はあったかと問うてみたところ、即座にあったと答えました。わかることがどれだけ大切なことかを、本人が一番感じていると思います。

子どもはなかなか、落ち着いてノートテイクを見ないかもしれません。しかし、10の中で1でも2でも拾ってくれればいいのではないでしょうか。ノートテイクに小さいときから慣れていく、そしてそこから小さな発見があり、将来につながっていくと私は思っています。

本当にあの時は、Aのように落ち着かない子にノートテイクをするのは大変だったんだなと、改めて感謝の気持ちでいっぱいになりました。ありがとうございます。

現在、AはIT企業で働き始めて三年目になります。文句を言いつつ毎日会社に通っています。障害者枠で入社したのですが、周りに同じ聴覚障害者はいません。それでも、自分で周りにサポートをお願いしたり、会議のときにパソコンで文字化をしてもらうようお願いしたり、苦労はしていますが、彼なりに頑張って働いているようです。まだまだ、先はどうなるかわかりませんが、自分の人生を自分の足で歩いて行ってほしいと願う毎日です。

特集
学校における合理的配慮と親の付き添い問題

障害のある教員だからこそできることとは
――地域の学校で育ち地域の学校で働く立場から

「合理的配慮」が何もなかったなかで、クラスメートとのポジティブな関係も、ネガティブな関係も築かれた。視覚障害のある教員として支援機器を使い、生徒に助けられながら(生徒にどう手を出したらいいか伝えながら)教壇に立つことで、生徒たちが何かにつまずいたとき、自分の姿が「生きるヒント」になってくれればと思う。

山本宗平

教科書・教材の点訳も介助員も何の配慮もない小学校時代

私は生まれつきの視覚障害者である。地域の保育園を卒園後、地域の小学校に通いたいと思っていた。一九八四～八五年の頃であり、「目が見えないなら盲学校に行ってください」の一点張りだった。両親はたびたび学校に出向いて交渉を続けたが、話し合いは難航し、四月を迎えることとなった。「一週間過ごしてだめだったら、すぐに盲学校に行ってもらいますからね」と言われるなかでの入学式だった。「教科書の点訳はしませんから、そちらでなんとかしてください。それから、登下校は親が付き添ってください」と言われたが、そこで「いやです」と言ったのでは入学できないので、その条件をのまざるをえなかった。その後も話し合いをするときには「まだ盲学校に移らないのですか」とたびたび圧力をかけられたようである。私自身はそんな大人の状況はわからず、小学校に入学できたのがうれしくて、クラスメートたちの中で過ごすのが楽しかった。

教科書は自分たちでなんとか点訳しなければならないが、とても両親だけでこなせる量ではないから、大勢のボランティアに手分けして、作っていただいた。この教科書、文字は点字で書いてあり、絵は布やフェルトで触ってわかるように作ってあり大いに役立ったのだが、面白いことに、周りのクラスメートが触りたいといって興味を示していた。クラスメートとの関係を築く上で大きな助けとなった。

もう一つの大前提は「登下校は親が付き添う」ということだ。幸い、登校時には近所のお兄さん・お姉さんに一緒に連れていってもらうことができたのだが、下校時はそういうわけにもいかず、毎日母親が迎えにきてくれた。毎日というのはさぞ大変だったことだろう。あれは二年生の三学期のある土曜日だった。当時、土曜日は午前中に四時間授業があってお昼で下校することになっていた。だから、母は四時間目が終わる少し前に迎えにきてくれていた。

ところが、その日は何かの事情で三時間目で終わりとなり、みんな帰ってしまった。私はいつもどおり四時間目が終わるときに来るはずの母を待つことになるのだが、二年生の私は一時間ぼーっと待っていることができなかった。二年近く毎日歩いている道だから、なんとなく道はわかるだろうと思い、一人で帰ることにした。その頃の私の視力は右は義眼だが、左はまだ〇・〇二ほど見えていた。とはいっても、はっきり言って危なかったと思う。その後学校からはこっぴどく怒られた。まあ、それは無理もない。このことがきっかけで、白杖での歩行訓練を始めることになり、三年生からは白杖をついてであれば一人で登下校してもよいということになった。

介助員がいないからこそ生まれた子ども同士の関係・共に参加するためのアイデア

ところで、私にはいわゆる介助員といった立場の先生は付かなかったし、そのような制度があることもわかっていなかった。結果からいうと、それでよかったような気がしている。私が机の上の物を落としてしまったときは、「あ、本落ちたよ」と隣の子が拾ってくれたり、音楽室に移動するときは近くにいる子が連れていってくれたり、授業の内容がわからずに困っていたら、得意な子が教えにきてくれたりもした。介助員の方がいたら、こういった場合に手際よくサポートしてくれたかもしれないが、私としてはこういったクラスメートとの関わりこそ、地域の学校にいったからこその経験だと感じている。

子どもというのは大人には思いつかないアイデアをもっていたりもする。ある時、ドッヂボール大会をすることになった。もし、介助員の人がいたら、その人と一緒に逃げ回って、「いつあてられてしまうかなぁ」とおびえながら参加し、きっとあまり面白い体験にはならなかったように思う。ところが、ホームルームで担任の先生が「じゃあ、山本はどうやって参加したらええかなぁ？」と言ったとき、ある子が「山本は大きな籠をかぶったらええやん」と言った。そして、同じチームの人が私を動かし、籠にボールをあててしまった人はアウトになって外に出なければならないというルールになった。籠は頑丈だし、小学生のボールだから、籠にあたっても痛くない。なるほど。これだったら私がチームに貢献する道があるわけで、ひたすら逃げてるよりはよっぽどいい。最初はあまりやる気の出なかったドッヂボールも、面白いアイデアを出してくれた子のおかげでかなり楽しかったのを覚えている。

入学するとき、視覚障害児を受け入れることに難色を示していた先生たちは、やはり不安が大きかったのだろうと思うが、こういったクラスメートとのやりとりを見ていくなかでこそ、不安が和らいでいくのだろうと思う。私は健常者のありのままに触れることができるし、クラスメートたちは視覚障害者のありのままに接することができるわけだ。母がよく言っていたのは、「クラスメートたちは視覚障害の仲間が身近にいてラッキーだ」ということだった。私もそれには強く共感する。多くの場合は視覚障害の人が近くにいない状態で育っていくわけだが、あのときのクラスメートは少なくとも社会に出て初めて障害者に出会うということではないので、障害者に出会って「どうしよう」と戸惑うことは少ないのではないだろうか。「インクルーシブ教育を受ける障害者」も増えてほしいが、同時に「インクルーシブ教育を受ける健常者」も増えてほしい。それでこそ、インクルーシブな社会に近づけるのではないだろうか。

一緒にいることでネガティブな障害観を意識し、逆にポジティブな面を発見する

高学年になるとこんなことがあった。私は給食当番のときは牛乳配りをしていたのだが、ある子が「俺のとこは置かんでええし」と言う。また、掃除当番のときは雑巾がけをしていたのだが、「私のところは拭かんといて」と言われた。そのときは、その意味がよくわからず、机の上にいっぱい物が置いてあるのかなと思っていたのだが、どうもそれは「障害者が配ったものは汚い」式の偏見によるものではないかと思う。自分は目が見えないということはわかっていたが、こういう経験を通して視覚障害を意識するようになった。

また、ノートをとるときは、それまでは一部レーズライター（ペンで書いた部分が浮き出る）を使って墨字（目で読む字）を書いたりもしていたが、「この先それではスピードについていけないよ」という先生のアドバイスで、完全に点字一色に切り替えたこともあり、「自分は他の人とは違うのだ」ということを意識するようになった。中学生の頃は視覚障害をネガティブなものとして考えていたため、クラスで何かをするときも、「自分がやっても役に立たないしなぁ。見えている人がしたほうがうまくいく」という消極的な姿勢でいることが多かった。

そんな私に衝撃を与えたのは、高校生のときに参加したあるレクリエーション団体のイベントだった。障害者（大半は視覚障害者）と健常者との集まりだったのであるが、各班の班長をしているのは障害者だった。当時の私の考えでは「目の見える人に仕切ってもらったほうがスムーズにことが運ぶ」というものだったのだが、その時に見た光景は、視覚障害の人が健常者の助けを借りながら、グループのみんなが交流できるようにうまい具合にやっていた。健常者は大学生のボランティアサークルの人が多く、経験も少ない人が多かったため、視覚障害者が主導して会を盛り上げているのを見て、「あんなやり方もありなのか」「助けを借りながらやるという手もありなのか」「あんなにも堂々とやっていけるものなのか！」というカルチャーショックを受け、大きなヒントをもらった。

教員という仕事に関心をもたせてくれた高校時代の出会い

高校からは教育委員会が柔軟に対応してくださるようになり、教科書も副読本も補習の教材に至るまで、点訳版を委員会の責任で保障してくださった。これで、教材の面ではやっとみんなと同じスタートラインに立てたわけだ。また、中学一年生から高校三年生までの六年間は、点訳の先生が来てくださり、日々のプリントや定期テストを点訳してもらったり、実技系の科目に入り込んでもらったりもした。

高校三年になると、進路の話が出てきて、大学選びのことや漠然とした将来の不安などをよく先生に聞いてもらった。そのなかで、「山本は塾に行きたくてもそれはなかなか難しいやろう。それやったら、せいぜい学校の先生に教えてもらったらええんやで」と言ってくださった。これは私にとっては本当に救われる言葉だった。理数系で苦戦していたのだが、夜九時頃まで熱心に教えてくださる先生がいて、あの指導がなかったら志望校には行けなかったことだろう。熱心に教えてくださるのが嬉しくて、なんとなく教員という仕事もいいなあと思うようになった。

さて、時は流れて、大学卒業が近づいてきた。どんな仕事に就きたいかと考えたとき、まず思ったことは、「せっかく自分は視覚障害者に生まれてきたのだから、それを活かせる職業に就きたい」ということだった。そして、インクルーシブ教育を受けてきたことが大きなヒントになった。あの時のクラスメートたちは一緒に過ごすなかで視覚障害者の日常というものを経験的に学んでくれた。視覚障害を活かすなら、視覚障害があまり知られていないところにいったほうが存在価値は高いはずだ。できれば、障害にまだあまり偏見をもってないときに障害者に出会ってほしいということを考え合わせると、教員というのはぴったりだと思った。そして、私に「教員という職業もすてきだな」と思わせてくれた高校のときの先生方にあこがれて、高校の教員を目指すことにした。

視覚障害の教員だから教えられること

生徒の立場からすると、私が白杖をついて教壇に上がってきたとき、「えっ？　この人で大丈夫なん？　授業できるの？　目が見えないなら不可能なのでは？」と思うかもしれない。でも、そう思ってくれたなら私としては「やったあ！」と嬉しくなる。たとえ疑いの眼差しを向けていたとしても、「この人は一体どうやって授業をするのやろ？」ということに興味をもっているからだ。興味をもつことが学びの第一歩なわけで、私としては存在意義を感じる瞬間だ。生徒が不安に思っていたとおり、この人は黒板にチョークで書いてはくれないが、音の出るパソコンで何やら文字を書いて、黒板に貼ったスクリーンに映し出している。最初はしっくりこない生徒たちも、徐々に慣れていってくれる。まあ、慣れていかざるをえないわけだが……。

機械の調子が悪くて何も映っていなくても、私は映っていると思ってるから授業は続行する。「それは困る」と思った生徒が「あのー、黒板映ってないんですけど」「あぁ、ごめんごめん」といった具合に、私の授業では生徒たちの声が命なのだということを伝える。プリントを配るのも生徒にやってもらう。声を覚えるのに時間がかかるから、名前を言ってから話してほしいと言う。最初の二カ月ぐらいはお互いまさに手探り状態だが、ちょっとずつ「あぁ、こういうやり方もありかもな」と慣れていってくれる。

私はできれば担任をもちたいと思っている。これについては管理職がどう思うかに大きく左右されるのでなかなか頻繁にとはいかないし、サポート体制も必要だ。授業での関わりなら週に二、三時間しか会う機会がないが、担任なら少なくとも毎日ホームルームで会うことができ、生徒のことがだいぶわかりやすくなる。とはいっても、四〇人の名前と声とキャラクターとを一致させるのは時間がかかる。私のモットーは「生徒がサポートできることは生徒にサポートしてもらう」なのだ。

クラスには学級日誌がある。これはその日の日直が一日の報告を書いて担任の机に置いて帰るというものだ。ただ、私の場合は、机に置いていかれても読めない。同僚に読んでもらうこともできなくはないだろうが、それではなんとももったいない。実は私のクラスでは、山本に日誌を読みにくるところまでが日直の仕事なのだ。これなら、名簿一番の子から順に毎日声を覚えるチャンスがあるし、日誌の内容も書いた本人が読むのだからよく伝わってくる。さらに、「授業中眠かったです」と書いていたら「何時に寝てるん?」といった具合に、ちょっとしたやりとりを楽しむことができて、このスタイルは「机に置いて帰る」式のスタイルよりもむしろうまく活用できているように思う。

遠足のときは、引率する立場であるが、現実的に難しい。だから、副担任の先生に先頭をお願いし、私はせっかくの機会だから、誰かクラスの子に手引きをしてもらって最後尾につく。それより後ろに行く人がいたら教えてくれるようにお願いする。まあ、絵柄的には引率されているような感じだが、そんな引率スタイルがあってもいいだろう。避難訓練のとき、警報器が鳴って、みんなに逃げるように言う。みんなどんどんいなくなって、最後になった子が「で、先生は自分で逃げられるんですか?」と言う。実は一番逃げるのが難しいのは私だろう。だから、その子に手引きしてもらって一緒に逃げてもらう。でも、避難訓練というのは、逃げるのが難しい人がいるからこそやるべきもので、このスタイルもありだと思う。

日々、こんな感じで接していると、生徒のほうもだんだん慣れてきてくれる。卒業式のときにはよく担任にメッセージボードを書いてくれたりするが、私のクラスの生徒たちはメッセージボードにはしなかった。それを書いても山本は読めないからということで、受験で忙しいなかだったと思うが、一人ひとりが声のメッセージを録音して一枚のCDにしてくれた。これは私の宝物だ。

私が教員をする上で強く感じている存在意義は、生徒に視覚障害のことを理解してほしいということではない。もちろん、視覚障害のことを知ってもらうのは嬉しいことだが、それはあくまでも通過点なのだ。この先、生徒たちは卒業し、社会に出ていく。そうすると、いつかどこかでうまくいかないことや挫折を経験することもあるだろう。「あぁ、俺はもうだめだ。こんなのもう不可能だ」とい

「目が見えない」という状況になるかもしれないが、そんなときにちょっと山本のことを思い出してほしいのだ。「目が見えないなら無理やろ、と最初思ったけど、ちょっとやり方を工夫しながら、あの人はあの人でまあそれなりに楽しそうにやってたな」と。「つまずいたときはちょっと考え方を変えてみたら、突破口が見えてくるかもしれへんよ」。これが私が生徒に大事にしてほしい「生きるヒント」なのである。そんな「生きるヒント」を学んでもらうために、少しでも自分が教材になりたい……。そんな気持ちを大切にして、これからも教員生活を続けたい。

やまもと・そうへい……一九七九年、京都市生まれ。先天性網膜芽細胞腫により失明。小・中・高は地域の学校でインクルーシブ教育を受ける。その経験がヒントになり、地域の学校で働く教員になる道を目指す。二〇〇三年度より大阪府立高校英語科教諭。

合理的配慮で、どの子も共に学ぶ学校に

高木千恵子

個別な行動をとりたがるTさんの行動を認め、Tさんの行動を規制するのでなく、Tさんの行動をみんなが理解すればいいと考えました。Tさんに認める行動は、クラスのみんなにも認めていくうちにTさんを特別視しなくなりました。そして子どもたちからもTさんとの接し方を聞き合理的配慮のヒントをもらいました。

共生社会への進展と逆行する共生教育への実現

日頃、共生社会の実現は進んでいるのに、共生教育への実現は逆行しているのではないかと思っていたので、「意思決定支援——本人主体の権利擁護を目指して」をテーマにした日本弁護士連合会主催の集会に参加してみました。講演者の上山泰（新潟大学）さんの「高齢者や障害者の意思決定は、脱施設化の方向性の中で出されてきたものなのに、日本では脱施設化が忘れられ、意思決定のみが注目されている。インクルーシブ・アプローチがない中での意思決定は、限定されてしまう」という内容に、ハッとしました。共生社会も共生教育も同じ問題を抱えているのだと、知らされました。

上山さんの指摘を教育の場に当てはめてみると、「脱分離教育、インクルーシブ・アプローチ」となるのでしょう。脱分離教育は、障害のある子もない子も共に学ぶことを目指しているはずです。ですが、文部科学省（以下、文科省）は障害のある子だけでなく全ての子どもを能力によって分けようとしているのです。インクルーシブ・アプローチは、共に学ぶための環境や条件整備・施設整備、その人の参加を妨げる社会的障壁を取り除くための個別の調整＝合理的配慮を提供し、そうした情報を伝え推進していくことだと思います。しかし、就学相談では「特別支援教育では手厚い教育が受けら

れ、普通学級では放っておかれる」とインクルーシブ教育に反するアプローチをしているのです。

「合理的配慮」はもともとアメリカ障害者法（一九九〇年）で規定されましたが、日本の学校現場ではまだあまりなじみがなく、障害者権利条約批准のために障害者差別解消法が制定され、ようやく学校関係者の間でも使われるようになってきました。障害者権利条約第二条で合理的配慮が定義され、第二十四条（教育）で一般的教育制度から排除されないこと・合理的配慮の提供が謳われています。この条約を批准したからには、障害者が排除されない社会や教育が構築されなければならないはずです。

障害のある子への「配慮」は、手探りしながら考えた

まだ合理的配慮という考え方が学校現場になかった頃、私は八王子養護学校から市内の小学校に移りました。養護学校にいながら「義務化反対・どの子も地域の学校へ」と考えていましたので、普通学級で共に学ぶ教育に関わりたいと思ったからでした。また養護学校で培った障害児教育の経験を普通学級で生かしてみたいとの思いもありました。幸いにも異動先の学校は、障害のある子を受け入れ、教職員全体で取り組みをしているところでした。

Sさんはいつも手に何らかの紐を握りしめ、それを振っては楽しんでいました。言葉による会話はできませんでした。入学して、まずはクラスになじむことからだと考えました。そこでクラスの子どもたちに、朝登校してSさんと顔を合わせたら「おはよう」と声かけするよう話しました。学校生活が始まったばかりの子どもたちですから、声かけは楽しいしSさんの反応もまたおもしろい。一人で何回も繰り返す子もいる。大きい声も小さい声も笑いながらの声も、だまって肩をポンとたたきながらの「おはよう」もある。そんな毎朝を繰り返しているうちに、「先生、Sちゃんにおはようと言ったら、何か声を出しながら、こっくりとうなずいたよ」という報告を受けたのです。なんと入学して一カ月もたたない頃でした。養護学校の言語指導で挨拶のやり取りを指導してきましたが、それは指

導であって、人間関係として自然に交わす挨拶ではありませんでした。子どもたちの声かけがこんなにも影響力があるとは思いませんでした。

Yさんはマイペースで、授業中に教室内を歩き回ったり、黒板に向かってチョークでお絵かきをしたりして過ごしていました。ある時の授業中、何か面白い話があって、子どもたちがドッと一斉に笑い声をあげました。その時、お絵かきに夢中だったYさんが突然振り返り「みんな、もう一回笑って」と言うのです。しかし、みんなが一斉にドッと笑うことは無理でした。そんなことがあって、Yさんは、みんながドッと笑う瞬間を見たくて、黒板のお絵かきよりクラスの子どもたちの様子をうかがうようになってきました。そしてドッと笑う瞬間を見届けると、Yさんも一緒に笑うようになりました。そんなことを繰り返しているうちに、いつの間にか席に着くようになりました。

私の他にも障害のある子の担任がいましたので、教職員全体でどんな配慮が必要かあれこれ知恵を出し合い、討論し合いました。また廊下ですれ違ったり、朝礼時などで顔を合わせるとその様子を持ち寄ったりしました。トラブルが起こると学校全体で解決法を考えていきました。どうしたらクラスの中でみんなと一緒にやっていけるのだろうかと毎日が手探り状態でした。

当時を振り返ると、学校はバリアフリーでもなく支援員の加配も付かない頃でしたので、教職員の「地域の学校は地域の子どもたちを受け入れよう」とする気持ちと知恵を出し合う試行錯誤のなかで、みんなでつくる学校という「学校づくり」への思いが共有されていたのだと思います。

忘れられない子どものつぶやきとレポートへの指摘

欠席が続き、展覧会に出す作品が仕上がらない子どもがいました。期日も迫っていたので早く仕上げようと、私はその子のそばにいって、あれこれと助言をしました。仕上がったとき「上手にできたんじゃない」と褒めたのですが、その子はぽつりと「これは、私の作品じゃない」とつぶやいたのです。グサッと胸に刺さりました。それまでいた養護学校では、指示をしたり手を加えたりすることは当たり前だと思っていたからです。余計なお世話・指導のし過ぎに気づかされました。それからです。指導や助言をするときは、私のペースで誘導しない、本人に確認を取ろうと心してきました。

今、支援員の在り方が問題になっています。以前支援員の付いた子の授業参観に行きました。その子の席は教室の一番後ろでした。そばに付っきりの支援員は、授業とは関係のない漢字や数字のなぞり書きをさせていました。その子は自由に立ち振る舞うとすぐ制止されるので、そのうち怒り出して教科書を放り投げてしまいました。教室移動のときはみんなの列の中でなく、一番後ろを支援員さんと手をつないで歩きました。他の子の授業参観にも行きましたが、同じような様子でした。支援員の働きかけは、クラスの子どもとの間にバリアを作っているように思え、支援のしすぎだと思いました。

もう一つ忘れられないことは、教職員の研究集会でSさんやYさんの実践報告をしたときのことです。私のレポートに対し、クラスの子どもたちはどう変わったのか、クラス集団は、学校はどう変わったのかという点が欠けているとの指摘を解放教育の方々から受けました。試行錯誤の実践をまとめ成果を挙げたのにと、落ち込みました。指摘された内容が理解できなかったのです。後になってレポートには、障害児が普通学級でいかに発達したのかという視点しかなく、クラスの子どもたちが障害のある子をどのように受け止め関わったのかの視点が欠けていたのだと気が付きました。

私は普通学級の中で障害のある子を担任し、インクルーシブ教育を目指してきたつもりでしたが、「障害の克服」の医学モデルから抜け出せていなかったのです。養護学校で培った専門性をかざし、普通学級の場で障害児教育を実践していたわけです。「共に学ぶ」と言いながら、障害のない子からの「共に」の視点が欠けていました。後に、障害を捉える観方には、医学モデルと社会モデルがあり、障害を個人の医学的問題として捉えるか、障害のある人の参加を妨げている障壁は何かと考え、周囲や社会との関係の中から捉えるかによって、問題のありかが違って見えてくる。インクルーシブな教育や社会においては、社会モデルとして捉えるという考え方を知ってから、心にストンと落ちました。

「共に」の視点から意識しながら、配慮を考える

Tさんの担任となったのは、特殊教育が特別支援教育に変わる時期（二〇〇六年）でした。ゆとり教育で子どもたちの学力低下が叫ばれ、習熟度別指導が日常化してきた頃です。全国学力テストも復活させられました。こうした学力向上の流れと相まって、障害のある子もない子も含め、全ての子どもを「上の子」「下の子」「気になる子」と分けて見るように仕向けられてきました。そして個に応じたニーズ教育、きめ細やかな手厚い指導が宣伝されました。分けることに抵抗感を持たず当たり前とすることが、特別支援教育を導入するための下地だったと思います。

特別支援教育は、子どもたちだけでなく教職員も分断していきました。かつては障害のある子が入学してくると、教職員全体で受け入れ体制を検討し情報を交換し合いました。しかし特別支援教育体制では、特別支援教育校内委員会ができ、コーディネーターが指名され、担当者だけが関わるようになりました。私は、自分の学校にどんな子がいてどんな配慮がされているのかわかりませんでした。

Tさんは一年時の担任が辞退したので、二年生で私が担任となりました。普通学級で障害のある子の担任となるのは、そんなに機会があることではありません。まずその学校が障害のある子を受け入れていることが大前提です。そして学校長の権限が強まり、人事も校長判断となるからです。

Tさんは授業に飽きると、ふいっと教室を飛び出します。最初は探しに行きましたが、私が探している間に教室内がざわざわとなるので、居場所がわかるようになるとそのままにしておくことにしました。そうしたら「Tちゃんだけ自由でいいなあ」と子どもたちから不満が出てきました。この不満になんと対応したらよいのか困り、思い付き的に、「みんなも勉強が嫌になったら、飛び出してもいいよ」と言ってしまったのです。するとなんと何人もの男の子たちが気勢を上げながら教室からぞろぞろと飛び出して行ってしまいました。まさかまさかの予想外の事態が起こり、何とか平静を装って残った子たちと授業を続けました。するとしばらくして、一人二人と戻ってきたのです。訳を聞くと

「外に行っても面白くない」とつぶやくのです。そのはずです。休み時間と違って、しいんと静まり返った授業中の校内では、自由にすることができません。騒ぐと近くの先生から注意されます。校庭でも体育のじゃまになるので遊べないし、走り回ることもできません。何もすることがなくて、戻ってくるしかなかったのでしょう。それ以来、Tさんの自由行動について何も言わなくなりました。

この思わぬ経験から、Tさんの行動を規制するのでなく、Tさんの行動をみんなが理解すればいいと考えるようになりました。それでTさんに認める行動は、クラスのみんなにも認めようと考えました。

Tさんは給食を私のそばで一緒に食べていました。こぼしたり歩き回ったりするので、前の担任からそのやり方を引き継ぎました。「Tちゃんだけいいなあ」のつぶやきに、私は「そう思うなら、先生のそばで食べたい子はどうぞ」としたのです。それで私は、子どもたちに取り囲まれながら給食を食べることになりました。けれどこれもそのうちに飽きてきて、一人二人と減っていき、元に戻りました。するとTさんもいつの間にか私のそばよりも友達と一緒を選ぶようになりました。

国語の時間に順番で音読をすることがあります。Tさんは順番が回って来ても知らん顔で読みません。そこで子どもたちにも本読みや発表するのが嫌だったら、〈パス〉してもいいことにしました。〈パス権〉を取り入れたのです。国語ばかりではありません。どの教科でも指名されたときに〈パス権〉を認めました。こうした指導はいかがなものかと迷いましたが、そのうち〈パス〉をする子の理由を考えるようになっている自分に気が付きました。そしてその子を注意深く見守るようになっていました。そうするとパスをする理由が見えてきたのです。必要に応じて休み時間や放課後に補うようにしてから、この迷いは吹っ切れました。

こうしたいくつかの出来事のなかから、個別な行動をとりたがるTさんの行動をクラスの子どもたちがやっかむことがなくなりました。Tさんを特別視しなくなったのだと思いました。またいつもTさんとくっつき戯れている子どもがいたので、子どもたちからもTさんとの接し方を聞き、合理的配慮のヒントをもらいました。
「障害児がクラスにいると担任は障害児の世話に追われ、勉強が遅れます」等の根拠のない批判があります。こうした批判を受けないようにと心がけもしました。保護者に対してはTさんとクラスの子どもたちの関わりを機会あるごとに伝えました。学級崩壊などあってはならないと目には見えないプレッシャーがあったと思います。しかし、私の頑な思いをゆるめてくれたのも、クラスの子どもたちでした。

合理的配慮を考えることで、インクルーシブな教育・社会をつくっていく

特別支援教育体制では、普通学級で学ぶ子どもに対して個別指導計画の作成や市の教育相談員の巡回指導を受けることが求められます。学校長の指示で巡回指導を受けましたが、なんと特別支援教育や専門家による指導を勧められることばかりでした。そこで指導を受けてもプラスにならないし、私の足を引っ張るだけだと以後の巡回指導を断りました。

また個別指導計画を書くことも断りました。Tさんの課題を記入すると、それを根拠に特別支援学級での個別支援を勧められることがわかっていたからです。日本の学校の中で取り入れられた個別指導計画は、個別にとり出して個々のニーズに応じた適切な指導をする医学モデルに沿ったものです。「個別の指導計画」や「個別の教育支援計画」から「個別」をとって、「共生のための指導計画」「共生のための教育支援計画」になるべきだと思います。

今学校では適切な指導と支援をするために、フローチャートが活用されていると聞きます。パソコンで収集されたデータの中から「落ち着きがない」とか「集団行動がとれない」とか「忘れ物が多い」とかの項目をクリックすると、その指導法が出てくるというのです。「個別カルテ」を「障害児の取り扱い説明書」とか「処方箋」だと指摘した方がいましたが、その通りだと思います。子どもは、処方箋通りに伸びていくものでしょうか。フローチャートには周りのクラスの子どもたちへの関わり方

が入っているのでしょうか。教育って、よい意味でも悪い意味でも想定外の出来事の連続です。だから、難しくもあり楽しくもありなのだと思います。

障害者権利条約に批准し、障害者差別解消法が施行されているのです。特別支援学級・学校で行われてきた環境整備や個々の障害に対応した配慮や工夫の蓄積は、普通学級の中でも取り入れるべきです。しかし、障害のない大勢の子どもたちと差別なく学ぶための合理的配慮として提供すべき内容は、障害のある子当人と関わるなかではじめて見えてきます。またその学校の状況、そのクラスの状況の中から、配慮すべきことを考えねばなりません。

合理的配慮を考えることが、「共に学ぶ」ことにつながっていくのだと思っています。

たかぎ・ちえこ……東京都内の養護学校・障害児学級・普通学級の教員として共生・共学の実践を追求してきた。退職後、障害児を普通学校へ・全国連絡会運営委員、NPO法人結の会理事。

インターチェンジ・交差点

美深のぞみ学園 施設解体の軌跡②

──息を吹き返した施設入所者たち

美深のぞみ学園の施設解体は、二段階の地域移行で実施されました。第一段階は、就労継続支援B型事業所とグループホーム四棟を確保して、入所者二〇名と職員を地域移行させる計画でした。グループホームは中古物件を改修し、四、五名が暮らせるようにしました。決して、新築ではありませんでしたが、二〇〇七（平成十九）年には、就労継続支援B型事業所（通所定員二〇名）と一体型共同生活援助・介護事業所（定員二〇名）を開設しました。先発隊は、何カ月も前から、職員と引っ越しの相談をして、テレビ、冷蔵庫、電気ポット、ベッド等、自分の好きなものを選んで、地域移行に備えました。

引っ越し当日、軽トラックに自分の小さな荷物を積み、実に嬉しそうな表情で施設を後にしていきます。ある入所者に「寂しくなったら施設に帰っておいでよ」と声をかけると、「二度とここには住まないよ！」と笑って施設を退所していきました。四人部屋で一八年間、プライバシーもなく、一人でテレビさえ見ることができない生活、他人との入浴、五〇人との食事、四つの布団を隙間なく並べて眠る日々、そんな生活を彼らに強いてきました。施設の職員でさえ、想像することができない過酷な生活に彼らは耐えてきたと思うと、申し訳ない気持ちで一杯になりました。

入所者のなかには、一八年間の施設生活で無力化され、ストレングスを失った人たちが多くいました。しかし、地域移行することに自信をもてなかった人たちにも、次第に変化が見られるようになりました。自分と一緒に生活していた友人が地域移行していく様子を見て、自分も地域で生活できるのではないか？　とエンパワメントされていった人たちです。

Mさんは「あのね、掃除ができなくても、グループホームに行けるの？」と聞いてきます。「行けるよ」と返すと、今度は「洗濯ができなくも大丈夫？」と聞いてきます。「うん、大丈夫だよ」と返すと、最後に「ぼくでも、大丈夫？」と聞いてくるのです。私たちは、地域移行に対して洗濯や掃除、金銭管理などを条件にしてきました。彼らができないことを条件にあげ、地域移行を拒んできたのです。地域で暮らすことに条件などあるはずがありません。Mさんに大丈夫だと話すと「それなら、グループホームに行ってやる！」と真剣な表情で言うのです。それはMさんの人生が、再び歩き出した瞬間でもありました。

　Nさんも無力化された一人でした。地域移行の話をするたびに「私はもう年だから、このまま施設で死なせてくれ」というのです。「嫌だったら、施設に帰ってきてもいいから、一度だけでいいから、グループホームで生活してみて欲しい」と何度か頼み込むと「一度だけだよ」という条件で、グループホームへ泊まりに行ったNさんは来年、八〇歳の誕生日をグループホームで迎えます。私の顔を見るたび、「もう施設には戻りませんからね」と必ず言います。

　Tさんは、入所施設にいたときから「俺、施設で死ぬのだけは嫌だよ」というのが口癖でした。同じ高等養護学校の卒業生だった彼の友人たちは、地域の会社に就職し、最初のグループホームへ移行するなか、施設に残されたままでした。私は、地域移行の第一陣にTさんを入れました。しかし、地域移行後に病気で亡くなりました。でも「俺、施設で死ぬのだけは嫌だよ」と言っていた彼は幸せだったと私は信じています。

　重度の知的障害があるYさんは、地域移行に反対する両親を前に「わたしは、みんなといっしょグループホーム行きます」と大きな声で宣言しました。両親は、その凛とした、わが子の言葉に嬉しさと寂しさを覚えながらも、地域移行を認めてくれました。

　せっかく、町内の自宅へ戻ったGさんは「家にいると親が過保護すぎてさ、俺はもう子どもじゃないから」と自らの意志で、自宅からグループホームへ引っ越してきました。

　長期にわたる施設生活によって、無力化させられ、重度化していた入所者たちの生きる力が、再び息を吹き返していきます。全員が地域へ移行する。障害程度区分に関係なく、できる人だけを選択するのではなく、全員が入所施設を退所する。それは、知的障害者の存在とその尊厳を大切にし、彼らを世の光にすることに他なりません。私たちは、自信をもって、施設入所者たちを地域へ送り出しました。それは、掃除ができなくても、洗濯ができなくても、お金の計算ができなくても、そこに居てくれるだけで、私たち職員に、水を注ぎ続けてくれた、彼らの存在こそが、今の地域社会には絶対に必要だからなのです。この差別的で、不寛容な社会を改善するためには、全国の入所施設に収容されている一三万人の知的障害者の力が、この国には必要なのです。

石田 力
いしだ・ちから
社会福祉法人美深福祉会

施設から

インターチェンジ・交差点

おとなが変われば、学校は変わる⁉

エピソード1

職員室で仕事をしていると、こんな会話が聞こえてきました。

子ども「先生、大変！　Aがスカートめくりをして、女子がめちゃくちゃ怒ってるよ！」

同僚Z「えっ⁉　先生が教室に行くまで、とりあえず、みんなでどうしたらいいか考えておいて」（ゆっくりと教室に向かう。）

私（ん？　確かAさんは、最近電動車いすに乗り替えたばかりのはず……。あ、Z先生が戻ってきた。）

私「Z先生、Aさん今までスカートめくりなんてしたことはなかったですよね？　どうしたのですか？」

Z「電動車いすに乗り替えて自由に動けるようになったから、スカートめくりをしたくなったらしいのよ（笑）。まったくねぇ（笑）」

私「え⁉　それで、子どもたちは？」

Z「女子が怒って、車いすのバッテリーを取り上げてほしいと言ってたけど、さすがにそれはねぇ。Aさんも女子たちにすごい勢いで怒られて反省したみたいだから、もう懲りたんじゃない？　介助員さんにも、自業自得って言われていたしね（笑）」

私（苦笑）

エピソード2

算数の授業中、車いすユーザーのBさんとのやりとりです。Bさんは、筋ジストロフィーのため、手指の力が少しずつ弱くなっていました。私は、算数専科教員としてBさんのクラスの授業を担当していました。

B「（ノートを指さしながら）ここの答えを間違えたので消してください」

私「はい、わかりました。（消しゴムで消し終えて）これでいいかな？」

B「ありがとうございます」

このやりとりを見ていたCさんが衝撃の一言を言いました。

C「あれ？　Bさん、さっきの国語のときには、自分で消してたよね？」

B「……うん」

私「自分でできるのに、どうしてお願いしたの？」

B「だって、面倒だったから」

私（苦笑）

C「Bさん、自分でできることは自分でやらなきゃダメだよ！

先生もBさんを甘やかしてはダメ！」
B・私「はい……」

押部香織

おしべ・かおり
福島県小学校教員

教室の中で

この二つのエピソードは、今から一五年以上前に教員生活をスタートさせた学校での出来事です。この学校では、車いすや歩行用の杖を使用している子どもたち、さまざまな特性をもっている子どもたちが、友達と同じ教室で学習をしていました。思い返すと、この当時「インクルーシブ教育」や「合理的配慮」という言葉が世の中に出ていないのにもかかわらず「共に学ぶ」ことができていた学校でした。「分離別学」があたりまえという地域で育ってきた私にとって、自然と「共に学ぶ」ができていることに、衝撃を受けた教員生活のスタートでした。

現在に至るまで

「共に学ぶ」ことはあたりまえという考えで教員生活を送ってきましたが、残念なことに福島県では、「分離別学」の考えがまだまだ根強く残っています。

以前、特別支援学校に勤務をしていたとき、あるお母さんから「支援学校を選んだことで、保護者どうし障がい児の親という悩みを共有できるからほっとする」という話を聞きました。きっとこのお母さんはこれまで辛い思いを抱えてきており、支援学校という閉ざされた場所に入ることで初めて本音で話すことができたのではないかと思いました。

しかし言い換えれば、このお母さんと子どもが生活している地域では、本音を言うことができずに苦しんでいたことがうかがえました。支援学校で勤務をしたことで、このような思いをもっているお母さんたちが大勢いることを知り、何とかしたいという気持ちが強くなりました。

そこで教員生活をスタートさせた学校での経験を活かすべく、小学校での勤務を希望することにしました。

そして実際に小学校で勤務をすると、「分離別学」はおとなだけの考えであることに気付きました。子どもたちにとって「共に学ぶ」ことはあたりまえであり、特別なことではなかったのです。このことが私の「共に学ぶ」ための実践の後押しとなっています。今後の課題は、おとなを変えることです。また、思いを共有してくれる仲間を一人でも多く、身近なところに増やしていくことです。

インターチェンジ・交差点

自助グループは社会資源

「生きづらさ、家族関係の苦しさ、暴力や性的な被害、さまざまな依存症・・・など同じ悩みを抱える仲間が定期的に集まって、気持ちや体験、情報を分かち合う自助ミーティング……当事者だからこそわかり合える、安心できる場所です」（横浜市男女共同参画センター二〇一七年度「自助グループのご案内」より）。

横浜市男女共同参画センターを管理運営する公益財団法人横浜市男女共同参画推進協会では一九八八年の開館当時から、自助グループに無料でミーティングの場を提供するなどの支援を行ってきた。保育サービスも低廉な料金で提供している。

現在、三館で四三グループが定期的に自助ミーティングを行い、年間のべ六千五百人が参加している。当事者であれば無料、予約なしでいつでもだれでも参加することができる。

自助グループを「市民によるもう一つの相談室」ととらえ、場を提供し、立ち上げや運営のサポートをするようになったのは一九八八年、初の「アディクション・セミナーin横浜」に全館をまる一日提供し、実行委員会を構成するさまざまなグループの人たちに出会ったことがきっかけだった。

一九九五年に初めて自助グループを公募したときには、一九グループの応募があったという。その後「自助グループ支援事業」として活動を支えるしくみを整え、自助グループ活動の公益性を伝えるセミナーや広報活動にも力を入れてきた。三〇年という時の流れの中でたくさんのグループが生まれたり消えたりしながらも、これらの活動は市民の間でゆっくりと受け継がれ、広がってきた。

今年第二十九回を迎える「アディクション・セミナーin横浜」は〝日本最大級の依存症のセミナー〟といわれ、毎年五百人が集う。さまざまな依存症の本人や家族の体験談が聞けるほか、小さな部屋に分かれて自助ミーティングも体験できる。チラシをみると、依存の対象はアルコール・ギャンブル・薬物・食・買い物・借金・ゲーム・恋愛・セックス・仕事など幅広い。

依存症のほかにも、この間横浜市男女共同参画センターで開かれているミーティングのテーマは多岐にわたる。婦人科のがんや子宮筋腫、不妊、離婚、機能不全家族、親との関係、シングルマザー、密室育児、産後うつ、子ども時代の虐待、ドメスティック・バイオレンス、性的マイノリティ、不登校やひきこもり、障害の子を持つ親あるいは障害当事者、等々、テーマは広がりつづけている。詳しくは横浜市男女共同参画センターのウェブサイトをごらんいただきたい。

ふりかえって、自助グループ活動にはどんな意味があるのだろうか。あるグループのメンバーは言う。「困ったとき、悩んだとき、参加できるグループがこんなにある。そしてこれからも小さなグループがたくさん生まれて、みんなの力になっていくのかも……」。

米国の先駆的なセルフヘルプ研究者T・ボークマンを招いて当協会が開催したセミナーでは「自助グループでは自分たちの問題解決を人からつけられた言葉でなく、自らがどのように名づけ、考えるかをやっていく」「自助グループのわかちあいの輪の中でこそ体験的知識は生まれる。大勢の人の体験が積み上げられてきた〝体験的知識〟は個人の素人の知識でなく、医者など専門家の知識とクルマの両輪をなす社会資源である」という知見が語られた（『フォーラムブック14　わかちあいから生まれる「体験的知識」』二〇〇〇年）。

孤立しがちな現代社会において、自助グループは人が生きる力を仲間の中で取り戻すことができる資源であり、社会全体の精神保健向上に寄与する社会資源と言えるのではないか。この活動を支え、情報提供を行う支援センターも全国各地にできており、中でも神奈川県社会福祉協議会、大阪や兵庫のセルフヘルプ支援センターなどが活発に活動している。今後各地域の公共施設などで、安心・安全にミーティングができる場を無料で提供し、グループの情報を提供する取組みがさらに広がることを願う。自助グループについて知りたい、学びたいという方には、インターネットや書籍、ハンドブックなどを手がかりにするのと同時に、先に紹介した「アディクション・セミナーin横浜」や世田谷の「ピアサポ祭り」（摂食障害などの自助グループの女性たちが中心となって毎年開催されている）などのだれもが参加できる公開イベントに足を運ぶことをぜひおすすめしたい。

小園弥生

こぞの・やよい
男女共同参画センター横浜南

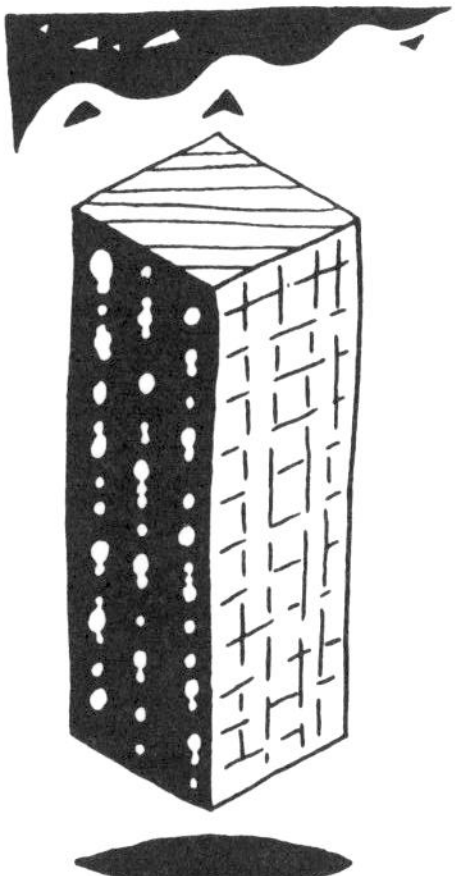

行政の窓口

三回目の連載《れんさい》のために、座談会《ざだんかい》をやりました。きっかけは、一年半前《まえ》におきた相模《さがみ》原事件《はらじけん》で、植松氏《うえまつし》の「障害者《しょうがいしゃ》はいらない」という言葉《ことば》が印象《いんしょう》にのこっていて、心から抜《ぬ》くことができません。私は障《しょう》がい者《しゃ》に生まれて、いろんな人と出会《であ》いました。今回《こんかい》は、私にとって大切《たいせつ》な七名の女性《じょせい》、宍戸《ししど》敏《とし》子《こ》さん（横浜市民《よこはましみん》、ボランティア）、田野《たの》井《い》弥生《やよい》さん（神奈川県育成会《かながわけんいくせいかい》、本人の会「希望《きぼう》」支援者《しえんしゃ》）、石渡和実《いしわたかずみ》さん（東洋英和《とうようえいわ》女学院大学教員《じょがくいんだいがくきょういん》）、吉川《よしかわ》かおりさん（明星《めいせい》大学《だいがく》教員、育成会理事《いくせいかいりじ》）、石崎洋美《いしざきひろみ》さん（地域活動支援《ちいきかつどうしえん》センター・ハーベストきくな、支援者《しえんしゃ》）、高木美岐《たかぎみき》さん（横浜市職員《よこはまししょくいん》）、遠藤美貴《えんどうみき》さん（立教《りっきょう》女学院短期大学《じょがくいんたんきだいがく》教員）に集《あつ》まってもらいました。①出会《であ》うきっかけ、②はじめて会ったときの印象《いんしょう》、③私が障《しょう》がい者《しゃ》だから、かわいそうと思ってつき合っていますか、④私に必要《ひつよう》な合理的配慮《ごうりてきはいりょ》は、⑤どんな人になってほしいですか、について話《はな》してもらいました。

みんなの話を聞《き》いて、涙《なみだ》が止まらないくらいうれしかったです。七名の皆《みな》さんと出会ったことは、私の一番《いちばん》の宝物《たからもの》です。

障《しょう》がいがあって、人間関係《にんげんかんけい》が大変《たいへん》なこともあるし、心が壊《こわ》れるようなことがあるかもしれないけれど、いろんな人に助《たす》けてもらいながら生きていけば幸《しあわ》せだと思《おも》いました。

今回は私のために座談会《ざだんかい》に参加《さんか》していただき、本当《ほんとう》にありがとうございました。また第二回《だいにかい》をやりたいと思いました。

（奈良﨑真弓《ならさきまゆみ》）

インターチェンジ・交差点

私の宝物
——支えてくれる人たち

健常者《けんじょうしゃ》と障《しょう》がい者《しゃ》との間《あいだ》を揺《ゆ》れ動《うご》いた

宍戸《ししど》　マミちゃんとの出会《であ》いは、彼女《かのじょ》が中学三年生のときだったと思います。週《しゅう》一回「夜間飛行《やかんひこう》」という青年学級《せいねんがっきゅう》に参加《さんか》していて、積極的《せっきょくてき》にイベントなどを中心《ちゅうしん》にやっていたのがマミちゃんでした。たくさんのメンバーさんのなかで、まみちゃんと特別《とくべつ》な関係《かんけい》になったのは、彼女《かのじょ》が高校《こうこう》一年生のころ「私は小さいときからずっとうしろ指《ゆび》さされて生きてきたから、誰《だれ》に何《なに》言《い》われても大丈夫《だいじょうぶ》！」と言ったその一言《ひとこと》でした。今まで私は障《しょう》がいのある人とのつき合いがなかったので、障《しょう》がい者《しゃ》ってそんな想《おも》いで生きているんだな〜と、強《つよ》く心《こころ》を打《う》たれました。そして気《き》がつけば、いつも私の隣《となり》にはマミちゃんがいるようになっていました。

その後《ご》、マミちゃんのお父《とう》さんの送迎《そうげい》ボラ

ンティアをしているうちに彼女のお母《かあ》さんと親《した》しくなり、家族《かぞく》ぐるみのおつき合いをするようになりました。

平成《へいせい》九年のときに、マミちゃんから「『障《しょう》がい者《しゃ》』って呼《よ》ばれるのはもう嫌《いや》だから、一度《いちど》でいいから健常者《けんじょうしゃ》あつかいで働《はたら》きたい」と相談《そうだん》されたんですね。それで、マミちゃんのお兄《にい》さんと三人でいろいろと考《かんが》えた結果《けっか》、「なにか資格《しかく》をとったほうがいいのでは？」ということでホームヘルパーの資《し》格《かく》をとりました。たぶん、横浜市《よこはまし》の知的《ちてき》障《しょう》がい者《しゃ》ではじめてヘルパー二級《にきゅう》資格《しかく》をとったのは、マミちゃんだと思《おも》います。それでケアプラザで働《はたら》いて、いろいろな人にも助《たす》けられながら、ずいぶん頑張《がんば》ったよね。マミちゃんも明《あか》るく楽《たの》しそうに仕事《しごと》の話《はなし》をしていたので、よかったなあ、と思《おも》っていたんですが。

今度《こんど》は「障《しょう》がい者《しゃ》のトップになるから、『健常者《けんじょうしゃ》』やめたい」って言ってきて。ずいぶんいろいろとあったんだよね。そんなこんなで活動《かつどう》の場所《ばしょ》を横浜《よこはま》から東京《とうきょう》の育《いく》成会《せいかい》に移《うつ》しました。それからJICAのボランティア派遣《はけん》で海外《かいがい》に行ったり、各地《かくち》の本人会《ほんにんかい》の活動《かつどう》と交流《こうりゅう》したりして「障《しょう》がい者《しゃ》」として活躍《かつやく》しているんですけど、同時《どうじ》に青年学級《せいねんがっきゅう》「たこやき」の活動《かつどう》や「夜間《やかん》飛行《ひこう》」もずっと参加《さんか》していました。そういうなかで、今はマミちゃんの志望《しぼう》で、障《しょう》がい者《しゃ》の業界《ぎょうかい》ではないところで、違《ちが》ったことをしたいということで、マミちゃんがやっている本人活動《ほんにんかつどう》にかかわっていた角田《かくた》さんにお願《ねが》いして、花屋《はなや》さんを始めたんですね。マミちゃんの明《あか》るさは、お客《きゃく》さんにも人気《にんき》で、商店街《しょうてんがい》の人にもかわいがってもらっているようです。

長《なが》いつき合いができたのは、マミちゃん自身《じしん》はもちろん、お母さんやお兄ちゃん、家族《かぞく》との信頼関係《しんらいかんけい》があったから。最近《さいきん》はあまり会うことはありませんが、メールで愚痴《ぐち》を聞《き》いたり、言《い》ったりし合っています。

奈良崎真弓

ならさき・まゆみ
本人の会サンフラワー
（イラスト　奈良崎）

街に生きて

支援《しえん》より協力《きょうりょく》し合う関係《かんけい》

田野井《たのい》　神奈川県本人《かながわけんほんにん》の会《かい》「希望《きぼう》」という本人活動《ほんにんかつどう》の支援《しえん》をしています。はじめて奈良崎さんに会ったのは、横浜《よこはま》の関内《かんない》にあった「ふれあいショップ」だと思うんですが。それで、全日本育成会《ぜんにほんいくせいかい》で活動《かつどう》するために、県《けん》の育成会の推薦《すいせん》を出してほしいとお願《ねが》いされて、それでおつき合いがはじまった。でも具体的《ぐたいてき》なおつき合いは、奈良崎さんが「希望《きぼう》」の会員《かいいん》になってからですね。

インターチェンジ・交差点

　奈良﨑さんの第一印象《だいいちいんしょう》って、はじめて会ったときは特《とく》になかったと思います。「希望《きぼう》」でかかわるようになり、定期的《ていきてき》に電話《でんわ》でお話《はな》しするようになってびっくりしたのが、電話《でんわ》しながら同時《どうじ》に三つくらいのことをやってるんですね。電話中《でんわちゅう》に沈黙《ちんもく》の時間《じかん》があって、「聞《き》いてるの?」って言《い》うと、メール入ってきたから読《よ》んでいたって、同時進行《どうじしんこう》でやってるんですよ。マミちゃんの脳《のう》は三つくらいに分かれてるのかしら、と思《おも》うんですが。そうかと思うと、気《き》になったことはとことん掘《ほ》り下げて調《しら》べる性質《たち》で、深《ふか》いんですよね。いろいろ教《おし》えてもらうことが多い。なので、マミちゃんとおつき合いしていて「ハンディのある人」という感覚《かんかく》があまりないんです。県《けん》の育成会《いくせいかい》の事務局職員《じむきょくしょくいん》だったころ、支援者研修会《しえんしゃけんしゅうかい》があって受《う》けたこともありますが、マミちゃんに対しては、「支《し》援《えん》」というより、私に協力《きょうりょく》できることがあればするわよ、という軽《かる》いスタンスなのかな。逆《ぎゃく》にいつも教《おそ》わることが多いです。

自分には見えない「本質《ほんしつ》」に気《き》づかせてくれる人

石渡《いしわた》　横浜市《よこはまし》の差別解消委員会《さべつかいしょういいんかい》などで奈良﨑さんと一緒《いっしょ》に活動《かつどう》しています。私はもう、マミちゃんがそばにいることが普通《ふつう》になっているので、最初《さいしょ》の出会《であ》いがいつだったかは明確《めいかく》に覚《おぼ》えてないんですが……。

　私が奈良﨑さんを意識《いしき》した最初《さいしょ》の出会いは、たぶん、横浜市《よこはまし》の障害者《しょうがいしゃ》プラン策定《さくてい》の委員会《いいんかい》です。その時《とき》は、それこそ「障《しょう》がい者《しゃ》のトップ」として発言《はつげん》されていて、障《しょう》がいがないと言《い》われている人が気《き》がつかないいろいろなことを発信《はっしん》してくれる、「本質《ほんしつ》」を気《き》づかせてくれる人、というイメージでした。さきほどのお話《はなし》を聞《き》いていて、障《しょう》がい者《しゃ》としていろいろな想《おも》いもかかえてきたんだなと改《あらた》めて知《し》りました。でも今までのつき合いのなかで、とにかく一緒《いっしょ》にいて話《はな》していて楽《たの》しいんです。それから自分《じぶん》の気づけないことを気づかせてくれるということを知ったので、重宝《ちょうほう》がってよく奈良﨑さんを使《つか》ってしまいます。たぶん、それは私だけではないと思います。奈良﨑さんは私にとって、パワフルな人、自分《じぶん》がパワフルなだけでなく、まわりをもパワフルにして、元気《げんき》づけてくれる人です。

衝撃《しょうげき》の出会《であ》いではじまり、本人活動《ほんにんかつどう》を一緒《いっしょ》に支援《しえん》する関係《かんけい》に

吉川《よしかわ》　真弓《まゆみ》さんにはじ

街に生きて

めて会ったのが札幌《さっぽろ》の育成会大会《いくせいかいたいかい》のときで、一二年くらい前《まえ》ですか。当時《とうじ》私は全日本育成会《ぜんにほんいくせいかい》の理事《りじ》になりたてのころで、会長《かいちょう》からロビーで集《あつ》まりがあるからこいと言《い》われて行ったら、隣《となり》にいたのが彼《かの》女《じょ》で、不思議《ふしぎ》な人がいるなあというのが第《だい》一印象《いちいんしょう》でした。それで会ったその晩《ばん》に真弓さんは交通事故《こうつうじこ》にあって、翌朝《よくあさ》松葉杖《まつばづえ》だったという衝撃的《しょうげきてき》な出会《であ》いをしました。その後年《ごねん》一回の育成会大会《いくせいかいたいかい》で会っているうちに、国内《こくない》の各地《かくち》で本人活動《ほんにんかつどう》を広げていくワークショップを手伝《てつだ》ったり、一緒《いっしょ》に韓国《かんこく》行ったり、ウズベキスタンに行ったりするようになったんですが、なかでも『知《し》る・見《み》る』（『自分《じぶん》の障害《しょうがい》を知る・可能性《かのうせい》を見る～みんなで知る見るプログラム』全日本《ぜんにほん》育成会編《いくせいかいへん》）のワークブックを一緒《いっしょ》につくったのが、とてもいい経験《けいけん》になりました。この本づくりとその後《ご》のワークショップを各《かく》地《ち》で一緒《いっしょ》にやるなかで、支援《しえん》する人ーされる人という関係《かんけい》でなく、友達《ともだち》であり、一緒《いっしょ》に本人活動《ほんにんかつどう》を支援《しえん》する関係《かんけい》になったと思っています。

元気《げんき》になる、仲間《なかま》を励《はげ》ましてくれる人

石崎《いしざき》　三浦市《みうらし》で地域活動支援《ちいきかつどうしえん》センターをやっています。本人《ほんにん》の会を立《た》ち上げて、いろいろ本人活動《ほんにんかつどう》のイベントをやっているところに仲間《なかま》をお連《つ》れしていました。そういう活動《かつどう》にいつも奈良崎さんがいらっしゃいました。うちの仲間《なかま》たちと一緒《いっしょ》に行くと、私が支援《しえん》するというより、奈良崎さんにいつも助《たす》けていただいて、だから最初《さいしょ》から私の中では、奈良崎さんを障《しょう》がいをもっているというふうにはあまり思《おも》ってなかったです。奈良崎さんは、面白《おもしろ》い人、感性《かんせい》が研《と》ぎすまされた人、という感《かん》じでした。本人会《ほんにんかい》の中で、奈良崎さんはすでに目《め》立《だ》つ存在《そんざい》でした。私が支援《しえん》している仲間《なかま》たちは、そんなに積極的《せっきょくてき》に自分《じぶん》を表現《ひょうげん》できないし、人前《ひとまえ》で話《はな》すことは苦手《にがて》だけれど、彼女のワークショップなどを経験《けいけん》しているうちに、手を挙《あ》げて発言《はつげん》するなど、ふつうだったらもっと時間《じかん》のかかることができるようになりました。やっぱり本人同士《ほんにんどうし》だと違《ちが》うなと思ったんです。

それから、飲《の》むと楽《たの》しい方《かた》ですね。奈良崎さんのお花屋《はなや》さんに行って、一緒《いっしょ》に飲《の》んだときのことでとても印象《いんしょう》に残《のこ》っているんですが、相模原事件《さがみはらじけん》の話《はなし》から、花って黙《だま》っているけど種《たね》がこぼれてまた芽《め》が出て花が咲《さ》く。生命《いのち》ってつながっているんだと

いう話《はなし》をしてくれて。奈良崎さんからいいもの一杯《いっぱい》いただいて、支援者《しえんしゃ》というよりはお友達《ともだち》という感じです。「にじいろでGO！」の活動《かつどう》を始めたときも、すでに本人《ほんにん》部会《ぶかい》で活動《かつどう》している人じゃない人たち、三《み》浦《うら》の私の仲間《なかま》たちに声《こえ》かけてくれてうれしかったです。本当に元気《げんき》になれる、仲間《なかま》を励《はげ》ましてくれる存在《そんざい》です。

市《し》の職員《しょくいん》と審議会委員《しんぎかいいいん》としてのつき合いから始《はじ》まって

高木《たかぎ》　私がたぶん奈良崎さんとの関係《かんけい》でいえば一番日《いちばんひ》が浅《あさ》いですかね。横浜市《よこはまし》の健康《けんこう》福祉局《ふくしきょく》の障害福祉部《しょうがいふくしぶ》というところに在《ざい》職《しょく》しておりまして、平成《へいせい》二十五年に担当《たんとう》していた審議会《しんぎかい》の委員《いいん》（当事者《とうじしゃ》）を探《さが》していたときに、奈良崎さんを紹介《しょうかい》していただいたのが最初《さいしょ》の出会いです。それで初回《しょかい》の会議《かいぎ》の資料説明《しりょうせつめい》のために東戸塚《ひがしとつか》でお会いしたんですが、資料説明自体《しりょうせつめいじたい》は三〇分で終《お》わって、ご飯《はん》を食《た》べにいこうということになり、初対面《しょたいめん》だったんですが、十一時《じ》半《はん》くらいにそろそろ帰《かえ》るか、というくらい話《はなし》が盛《も》り上がったんです。私はあまりお酒《さけ》を飲《の》まないんですが、奈良崎さんはすっごく飲《の》まれるんですよ。女の子だし、こんな時間《じかん》までこんなに飲《の》んで帰《かえ》して大丈夫《だいじょうぶ》かと心配《しんぱい》したんですが、全然平気《ぜんぜんへいき》で。まずは大酒《おおざけ》のみというのが第一印象《だいいちいんしょう》でしたね。

奈良崎　それで育成会《いくせいかい》の神奈川大会《かながわたいかい》やったとき、横浜市《よこはまし》でだれか手伝《てつだ》ってくれる人いないかと思《おも》って、高木さんに頼《たの》んでみようとなって、横浜市《よこはまし》が初《はじ》めて公務員《こうむいん》を大会《たいかい》に出してくれた。ところが、それから一年で高木さんは異動《いどう》になっちゃって、ああ、捨《す》てられたと思《おも》って。で、今年《ことし》でもう横浜市《よこはまし》の委員《いいん》四年目なんですが、高木さんはいなくなっちゃったし、もう委員辞《いいんや》めたいんですけど、と言ったら、「私が戻《もど》ってくるまでいてね」って言われちゃって。今もメールでやりとりしたり、一緒《いっしょ》にご飯《はん》食《た》べたり、花屋《はなや》に遊《あそ》びにきてもらったりしてます。

飲《の》み友達《ともだち》であり、授業《じゅぎょう》で自分の障《しょう》がいを語《かた》ってくれる当事者《とうじしゃ》でもあり

遠藤《えんどう》　私は香川県出身《かがわけんしゅっしん》で、修士論文《しゅうしろんぶん》のテーマが「本人活動《ほんにんかつどう》」でしたので、お会いする前《まえ》から資料《しりょう》や論文《ろんぶん》で奈良崎さんのことは知《し》ってはいました。はじめてお目にかかったのは、香川県《かがわけん》で育成会《いくせいかい》の大会《たいかい》があったときです。本人活動《ほんにんかつどう》のことをとり上げていたため、奈良崎さんもいらしていました。

世界《せかい》の当事者活動《とうじしゃかつどう》の研究《けんきゅう》をされていた、立教大学《りっきょうだいがく》の河東田《かとうだ》さんが、スウェーデンとオランダの当事者《とうじしゃ》を招いて立教大学《りっきょうだいがく》で国際《こくさい》シンポジウムを開《ひら》いたときに、日本の当事者《とうじしゃ》ということで奈良崎さんにもご参加《さんか》いただきました。でもその時《とき》私は裏方《うらかた》をしていたため、ゆっくりお話《はな》しすることはできませんでした。その後《ご》、河東田さんが授《じゅ》業《ぎょう》に奈良崎さんを講師《こうし》としてお招《まね》きするときに、駅《えき》まで迎《むか》えに行ったり、壇上《だんじょう》での支援《しえん》をしたりするということもありましたが、よくお話《はな》しするようになったのは、わかりやすい権利条約《けんりじょうやく》の本をつくるために一緒《いっしょ》に作業《さぎょう》をするようになってからですね。その後、私は短大《たんだい》に就職《しゅうしょく》して、奈良崎さんにお話《はなし》に来ていただくようになりました。その時《とき》「打《う》ち合わせ」というこ

とにして、よく一緒《いっしょ》に飲《の》むのですが、私もお酒《さけ》は好《す》きなので、毎回《まいかい》、最後《さいご》のほうは記《き》憶《おく》がありませんね。

奈良崎　遠藤《えんどう》さんは、私にたいしてもきちんと強気《つよき》でコメントしてくれるので、ありがたいです。今までの本人活動《ほんにんかつどう》って、支援《しえん》者《しゃ》としてのマニュアルとか大学の偉《えら》い先生がこうあるべき、ってやってるけれど、遠藤さんとか吉川さんは、こちらに聞《き》いて一《いっ》緒《しょ》に考《かんが》えてやってくれるので、いいなと思います。

遠藤　質問《しつもん》に戻《もど》ると、奈良崎さんが障《しょう》がい者《しゃ》だからかわいそうだと思《おも》ってつき合っているということはまったくないです。でも最初《さいしょ》は「本人活動《ほんにんかつどう》の当事者《とうじしゃ》」と支援《しえん》をしたいという者《もの》との出会《であ》いだったので、立《た》ち位置《いち》の違《ちが》いというのはあったかと思います。

　私は大学院《だいがくいん》を出《で》てから関東《かんとう》に来たので、プライベートの友達《ともだち》というのがなかなかできにくく、そういう意味《いみ》では奈良崎さんはプライベートの飲《の》み友達《ともだち》であり、一方《いっぽう》では大学《だいがく》に来て話《はなし》をしてくれるよう頼《たの》める当《とう》事者《じしゃ》でもあります。学生《がくせい》の聴《き》く姿勢《しせい》が私の授業《じゅぎょう》とは全然違《ぜんぜんちが》うのです。学生《がくせい》が奈良崎さんのお話《はなし》から受《う》け取《と》っているものは大きいと思います。

奈良崎真弓はできすぎ障《しょう》がい者《しゃ》？

宍戸　マミちゃんとつき合って二七年になるけど、いまだにどこが障《しょう》がい者《しゃ》か、わからないときがある。すごいとしか言いようがない。青年学級《せいねんがっきゅう》「たこやき」の司会《しかい》は、いつもお任《まか》せでした。そんな彼女を目標《もくひょう》にする障《しょう》がい者《しゃ》もたくさんいました。

田野井　奈良崎さんは知的障害《ちてきしょうがい》ではなく、学習障害《がくしゅうしょうがい》ではないかという人もいます。彼女からのメールは、つまった音《おと》（促音《そくおん》）や「てにをは」がなかったりで、最初《さいしょ》なれないうちは読《よ》みにくくて、そういう意味《いみ》では読《よ》み書《か》き（識字《しきじ》）に障《しょう》がいはあるようだけれど、人とのコミュニケーション能《のう》力《りょく》の高《たか》さとか、一つのことを掘《ほ》り下げてとことん調《しら》べるという特性《とくせい》は、今の彼女《かのじょ》の活動《かつどう》にものすごく役立《やくだ》っていると思う。それは彼女独特《かのじょどくとく》のもので、ちょっと他の人には代《か》えられない。また、彼女の協調性《きょうちょうせい》、どんな人も受《う》け止《と》める寛容《かんよう》さ、そういう人としてもちたいものをもっている。

宍戸　私は初《はじ》めて出会《であ》ったころの「障《しょう》がい者《しゃ》やめたい」と言《い》っていたマミちゃんを知《し》っているので、彼女がどんなことに困《こま》り、どれだけ努力《どりょく》しているか、ということもなんとなくわかっているつもりです。まあ、「夜間飛行《やかんひこう》」や「たこやき」では本当《ほんとう》にいろいろな子が来《き》ていて、いろんなことを体《たい》験《けん》しました。反対《はんたい》行きの電車《でんしゃ》に飛《と》び乗《の》った子を追《お》いかけてつき合うとか、演技《えんぎ》で発作《ほっさ》が起《お》きたふりをして人の関心《かんしん》引《ひ》こうとする子と一緒《いっしょ》に寝《ね》てあげるとか、マミちゃんはいつも隣《となり》で助《たす》けていた。あの頃《ころ》からもうマミちゃんは、知的障《ちてきしょう》がい者《しゃ》があこがれる女の子だったのでしょうね。

田野井　マミさんがどんな人でも受《う》けいれる、どんな障《しょう》がいの人にも対応《たいおう》できるというのは、その当時《とうじ》の経験《けいけん》が今につながっているんでしょうね。

私に必要《ひつよう》な合理的配慮《ごうりてきはいりょ》とは

奈良崎　宍戸《ししど》さんにはいっぱい叱《しか》られたけ

れど、宍戸さんは、ここがおかしい、と肝《かん》心《じん》なことをバンっと言ってくれる。これこれこうだから、ああだから、とていねいに注《ちゅう》意《い》されると、よけいわからなくなる。
最後《さいご》に皆《みな》さんにお聞《き》きします。今の私にとって必要《ひつよう》な合理的配慮《ごうりてきはいりょ》ってなんですか？

遠藤　授業《じゅぎょう》に来《き》ていただくための依頼《いらい》をするときに、わかりやすい言葉《ことば》を使うとか、大学《だいがく》までの電車《でんしゃ》の乗《の》り換《か》え方法《ほうほう》をきちんとお知らせするとか。

奈良崎　遠藤《えんどう》さんと吉川《よしかわ》さんは、毎回《まいかい》きちんと大学までの行き方案内《あんない》してくれるし、駅《えき》まで迎《むか》えにきてくれるけど、他の先生《せんせい》は助手《じょしゅ》の人を駅《えき》までよこすから、この人誰《だれ》？と思《おも》ったり、あるいはなんの案内《あんない》もなかったりするんですよ。

田野井　それはマミさんがわかるからと思って、甘《あま》えてるのでは？

吉川　お願《ねが》いして遠《とお》くから来てもらうんだから、迷子《まいご》にさせたら申《もう》しわけない。

奈良崎　遠藤《えんどう》さんは、最初送《さいしょおく》ってくれた資《し》料《りょう》、ひらがなばかりで読《よ》めませんといったら、次《つぎ》から漢字《かんじ》をまじえてルビふってくれました。でも、知的障《ちてきしょう》がい者《しゃ》は漢字読《かんじよ》めないと思って、ぜんぶひらがなで送ってくる人がいる。それって暗号《あんごう》だよ、読《よ》めない。このあいだも厚生労働省《こうせいろうどうしょう》の仕事《しごと》で北《ほっ》海道《かいどう》ピープルファーストの土本《つちもと》さんと一緒《いっしょ》にやることになって、土本さんに合わせて全部《ぜんぶ》ひらがなの資料《しりょう》が送られてきた。知《ち》的障《てきしょう》がいで漢字《かんじ》が読《よ》めないとき、どう対《たい》応《おう》したらいいかは人それぞれ違《ちが》うんだけど、理解《りかい》してくれない。

吉川　メールはルビふれないから漢字《かんじ》の横《よこ》に（　）でくくって読《よ》み仮名《がな》入れるのと、漢字《かんじ》を少《すく》なめにして普通《ふつう》に送るのとどっちがいい？　ってマミちゃんに聞《き》いたら、あっさり普通《ふつう》のメールのほうが読《よ》みやすいって言われて。そうか、それでいいんだって。
まずは本人《ほんにん》に聞《き》くことです。

奈良崎　神奈川県《かながわけん》の差別解消《さべつかいしょう》の委員《いいん》やっているんだけど、そこも全部《ぜんぶ》ひらがなの資《し》料《りょう》で。職員《しょくいん》はすぐ異動《いどう》するから、なかなか伝《つた》わらない。

田野井　今までの当事者委員《とうじしゃいいん》って参加《さんか》してもきちんと言《い》わないから、ひらがなにしておけばいいとや、とやってきたのが、マミさんは一つひとつ注文《ちゅうもん》つけるから戸惑《とまど》っている、ということなんでしょうね。

石渡　マミさんにとって必要《ひつよう》な合理的配慮《ごうりてきはいりょ》と聞《き》かれたら、マミさんはいつもまわりに配慮《はいりょ》しすぎというか、そこが彼女《かのじょ》の良《い》いところなんだけれど、疲《つか》れちゃわないでね、といつも思《おも》っていて、感謝《かんしゃ》しています。

田野井　マミさんへの合理的配慮《ごうりてきはいりょ》ということではないけど、育成会《いくせいかい》の本人部会《ほんにんぶかい》のなかでも後継者《こうけいしゃ》がいないから、結局彼女《けっきょくかのじょ》がいそがしく飛《と》び回《まわ》らざるをえないというのがあって。以前《いぜん》、活発《かっぱつ》に動《うご》いていた人たちも今《いま》は休眠期《きゅうみんき》のようだし。そこが障《しょう》がいのある人の活動《かつどう》の難《むず》しさだと思うんですけど。

奈良崎　「夜間飛行《やかんひこう》」で一緒《いっしょ》に活動《かつどう》していた人が代《か》わりにやってくれればと思うんだけど、ちょっとタイプが違《ちが》うのかな。横浜《よこはま》市《し》の委員《いいん》も代《か》わりの人考えてるんだけど。

吉川　結局《けっきょく》、行政《ぎょうせい》としては利用者役割《りようしゃやくわり》に押《お》し込《こ》めて、支援者《しえんしゃ》がやりやすい人のほうがいいんだよね。そうするとますます本人の依存性《いぞんせい》が高《たか》まってしまう。マミちゃんは支援者《しえんしゃ》とケンカできるけど、なかなかそういう人はいない。
それで、私は障《しょう》がいのある人のつき合い方《かた》をマミちゃんから教《おそ》わったと思《おも》ってます。出会《であ》った当時《とうじ》は年に一回の育成会《いくせいかい》の大会《たいかい》で会うくらいで、『知《し》る・見《み》る』のプロジェクトで一緒《いっしょ》に外出《がいしゅつ》するようになって、同じ部屋《へや》に泊《と》まるようになってからお互《たが》いにつき合い方がわかってきた。はじめは障《しょう》がい者《しゃ》だからと支援《しえん》するところを一生《いっしょう》懸命探《けんめいさが》して、これやろうかと言《い》うと「いらない」って言われて、居心地《いごこち》が悪《わる》いという支援者根性《しえんしゃこんじょう》みたいなのがあった。でもお互《たが》いにわかってきて普通《ふつう》の人としていられるようになったときに、逆《ぎゃく》に彼女《かのじょ》からいろいろしてもらっていいんだって思《おも》えるようになった。障《しょう》がいのある人に何かしてもらうのって支援者根性《しえんしゃこんじょう》があるうちは居《い》心地《ごこち》悪《わる》いんだけど、その支援者根性《しえんしゃこんじょう》を捨《す》てることができたのはマミちゃんのおかげだと、感謝《かんしゃ》してます。今マミちゃんは、自《じ》分《ぶん》にとって必要《ひつよう》なことは、これやって、と自分で言《い》ってくれるから、言われたことをやればいいと思《おも》っていて、こちらから何かしてあげよう、とかあまり思《おも》わない。海外《かいがい》に行くとき「支援者《しえんしゃ》として一緒《いっしょ》に行《い》って」と言《い》われるけれど「ごめん、私もう支援者《しえんしゃ》面《づら》できないから、嫌《いや》なことはいやって言《い》うし、怒《おこ》っちゃうし。だから友達《ともだち》としてなら行ける」と答《こた》えています。

奈良崎　それまでいつも宍戸《ししど》さんがいろんなところ一緒《いっしょ》に行ってくれたんだけど、インチョンに行くとき宍戸さんが心臓悪《しんぞうわる》くして一緒《いっしょ》に行けなくなって、どうしようと思っていたら、宍戸さんから「マミちゃんは自分《じぶん》で友達《ともだち》つくる力があるからだいじょうぶ」って手紙《てがみ》もらって。それでちょうど吉《よし》川《かわ》お姉《ねえ》ちゃんに出会ったときで、それ以来《いらい》、本当にいろんなところに一緒《いっしょ》に行って、わがまま聞《き》いてもらってます。

宍戸　いまは心臓《しんぞう》にペースメーカー入れているので、私も障害者《しょうがいしゃ》。三番目《さんばんめ》の質問《しつもん》「私が障《しょう》がい者《しゃ》だから、かわいそうと思ってつき合っていますか」については、ありえません。だって私も「障害者《しょうがいしゃ》」といわれる立場《たちば》ですから。いろいろあってマミちゃんとも二年くらい会わない時期《じき》があって。あの時《とき》はつらかったよ～。マミちゃんにはいつも、心まで「障《しょう》がい者《しゃ》」になっちゃだめだよ、人間《にんげん》は幸《しあわ》せに生きる権利《けんり》があるんだから、と言《い》ってたでしょ。いまは自《じ》分《ぶん》に言《い》い聞《き》かせています。

奈良崎　二年間、よく宍戸《ししど》さんと会わないでがまんできたよね、とみんなに言《い》われたんだけど、でもその間《かん》は宍戸《ししど》さんのお姉《ねえ》ちゃん（娘《むすめ》さん）とは会ってた。それで、ちょうどその時《とき》に『知《し》る・見《み》る』のプロジェクトが始《はじ》まって、吉川お姉ちゃんと一緒《いっしょ》にやることが多くて、吉川お姉ちゃんも本《ほん》気《き》で怒《おこ》ってくれるから、宍戸さんとよく似《に》てる。ちょうどいいタイミングだった。

宍戸　よかったよねえ。マミちゃんが、明《あか》るく一生懸命《いっしょうけんめい》がんばっているから、みんなも良《よ》くしてくれるんじゃないのかしら。今日《きょう》はマミちゃんのおかげで素敵《すてき》な出会《であ》いができてうれしかったです。ありがとうございました。

一同《いちどう》　ありがとうございました。

障害者の権利条約とアジアの障害者◎第二十九回

権利条約の政府報告④
第5条　平等と不平等

中西由起子
なかにし・ゆきこ
アジア・ディスアビリティ・インスティテート（ADI）代表

一五の報告の大半は、既存の法律の列挙・解説を中心に五条の実施を述べている。バングラデシュ、フィリピン、ミャンマー、トルクメニスタンやマカオの報告はさらにそれを簡略化している。

法の前の平等

インド、シンガポール、タイ、トルクメニスタン、ミャンマー、モンゴル、中国は、憲法でのすべての人の平等から報告を始めている。すべての人の基本的人権が保障されるので、障害者もそれに準じているとするからである。

インドネシアは、憲法と人権法に加えて二〇一六年の障害法や選挙や教育に関する法律を例に、障害者の平等を説明する。中国は憲法以外に障害者保障法で平等な権利を保障している。ラオスも憲法に加え人民裁判所法や刑法で保障しているとする。

差別禁止と法的保護

差別禁止法があるのは、韓国と香港である。韓国では障害者差別禁止・救済法で種々の分野、特に教育で方策がとられ、国家人権委員会などによる詳細な救済事例や方法も報告されている。香港は障害者差別禁止条例、その他の条例による差別禁止と、独立機関である機会均等委員会による救済の詳細な件数までも含めた救済とに言及している。

インドネシアも救済策にふれている。上述の憲法、人権法、障害者法や選挙や教育に関する法律での差別禁止に加えて、州裁判所の判決や弁護士を通しての交渉による法的救済事例にも言及している。シンガポールではガイドラインに沿って職場での差別禁止が推進され、さらに差別の申し立てに対応し、障害者の声を吸い上げる仕組みもある。スポーツの振興もインクルーシブな未来のための一例として紹介されている。

インドとミャンマーの報告は、差別禁止を盛り込んだ新法成立前に提出されていることに注意せねばならない。インドは一九九五年の障害者法を根拠に差別を禁止しているとしているが、二〇一六年の新法は障害者権利条約に沿ってさらに明確に差別に対応している。ミャンマーもさまざまな権利の保護は障害者法案（二〇一五年に成立）に含まれるとするが、未だ差別は残っているという。

障害関連の法律で法的保護を説明する国は他にもある。タイは障害者教育法や障害者エンパワメント委員会を例として法的保護を説明している。モンゴルも差別禁止法はないが、障害者社会福祉法などで差別是正の措置がとられている。中国は障害者保障法に差別禁止を盛り込み、その他高等教育、雇用促進、少数者保護などの法律でも禁止している。トルクメニスタンは社会福祉規則で障害に基づく差別は処罰できるとしながらも、能力があれば権利を認められるという条件がつくのが問題である。

ネパールは憲法ならびに政府の人権政策で差別が禁止されているとしているが、具体的説明はない。

合理的配慮

詳しく記述しているのは、中国のみである。刑事手続法においては、聴覚障害の容疑者の尋問の際に手話が堪能な職員が参加しこの状況は記録され、聴覚や視覚障害の被告の弁護を任せられる人がいない場合、裁判所が弁護人となる法律扶助が提供される。公共治安管理処罰法では、尋問される聴覚障害者を手話が堪能な職員が補助し、この状況は記録される。教育法では、国家、社会、学校やその他の教育機関が身体的・精神的特徴や必要条件を考慮して支援や便宜を提供する。雇用や母子保健、高齢者、公務員に関する法でも合理的配慮の提供が義務付けられている。

簡単ではあるが合理的配慮は法律に記載されていると報告しているのは、関連箇所で後程説明するとしたインドと、二〇一三年の障害者権利・保護法に条項があるとしたバングラデシュ、関連条項のところで説明するとしたシンガポールのみである。

タイ、トルクメニスタン、香港、韓国、ネパール、モンゴル、ミャンマー、フィリピン、インドネシア、ラオスでは五条に関連して記載がない。しかしトルクメニスタンを除いては、それぞれ後の部分で明記している。例えば一～四条（目的や定義）を含む部分でタイ、韓国、ネパール、ミャンマー、インドネシアが、九条（アクセシビリティ）で韓国とラオスが、十四条（身体の自由と安全）で韓国とフィリピンが、二十四条（教育）でフィリピンとマカオが、合理的配慮について言及している。

ただし、合理的配慮の事例を読むと、アクセシビリティと混同しているのではないかと思われる箇所もあった。

日本障害者虐待防止学会の設立

曽根直樹

障害者虐待防止学会設立の経緯

二〇一七年十二月十七日、新宿NSビル・スカイホールにおいて、日本障害者虐待防止学会設立大会を開催した。当日は、一七一名の参加があり、マスコミの取材もあって関心の高さを感じた。

虐待防止に関連した学会は、児童虐待の分野では、「日本子ども虐待防止学会」が、高齢者虐待の分野では、「日本高齢者虐待防止学会」が活動している。これらの学会は、虐待防止に関する調査研究に取り組む他、二〇〇一（平成十三）年に施行された「児童虐待の防止等に関する法律（児童虐待防止法）」、二〇〇六（平成十八）年に施行された「高齢者虐待の防止、高齢者の養護者に対する支援等に関する法律（高齢者虐待防止法）」の改正に関する政策提言等を行っている。

障害者虐待防止の分野では、二〇一二（平成二十四）年に「障害者虐待の防止、障害者の養護者に対する支援等に関する法律（障害者虐待防止法）」が施行された。厚生労働省では、毎年、自治体への通報件数や虐待認定件数、虐待通報した人、虐待した人、虐待を受けた人の属性等の状況の調査結果を公表するとともに、障害者虐待防止・権利擁護指導者養成研修を開催し、都道府県で行われる障害者虐待防止に関する研修指導者を養成するなどして障害者虐待防止の取組みを進めているが、民間レベルで調査研究や研修内容の開発を組織的に行う学会は設立されていなかった。

障害者虐待防止法が成立・施行された背景には、障害者福祉施設や障害者が雇用されている事業所などにおいて、深刻な障害者虐待の事件が起きていたことが挙げられる。本学会の設立は、障害者虐待防止法を法制化することの必要性を訴えてきた人たちの中から準備会が立ち上がり、設立大会を迎えた経緯がある。

設立総会

大会冒頭に行われた設立総会では、学会会則及び役員の承認が行われた。会が発足する総会のため、会則案は、大会参加者によって承認され、日本障害者虐待防止学会の発足となった。役員は、理事長　小山聡子（日本女子大学人間社会学部教授）、副理事長　堀江まゆみ（白梅学園大学子ども学部発達臨床学科教授）・曽根直樹（日本社会事業大学専門職大学院准教授・学会事務局長）、理事　野沢和弘（毎日新聞論説委員）、監事　手嶋雅史（椙山女学園大学人間関係学部人間関係学科准教授）・大石剛一郎（木下・大石法律事務所弁護士）が承認された。

小山理事長は就任の挨拶の中で、横浜市福祉調整委員を担うなかで、横浜市内の放課後等デイサービスにおける虐待事件で被害を受けた障害のある児童の保護者からの相談を受け、刑事事件となった場合に被害者に対する事件の情報提供が十分に行えない課題や、事業者側や行政側が、被害者の立場に立った対応を十分に取ることができなかった問題の改善策などについて、行政に提言を行った経験を踏まえ、一筋縄では解けない実態に直面したとき、研究は力であると、学会の活動意義を話した。

学会理事長挨拶

設立大会

設立総会後、設立大会として講演とシンポジウムが行われた。

理事の野沢氏による学会設立の趣旨説明では、最近起こった宇都宮市の施設職員による虐待事件においても、虐待の隠蔽が組織的に行われていたことに触れ、障害者福祉施設等における虐待に対する行政の調査力を向上させる必要性や、相模原市の障害者支援施設で起きた殺傷事件から、個性や多様性を認め合う社会をつくることの重要性など、学会の役割と趣旨についての講演があった。

副理事長の私は、基調報告として、厚生労働省が毎年公表している障害者虐待対応状況調査の結果を集計分析し、知的障害者が虐待を受けやすい傾向にあることや、障害者福祉施設従事者等による虐待の通報に認定率が低いこと、施設等の設置者、管理者、サービス管理責任者が加害者であった比率が二〇％を超えることなどを報告した。

横浜市立大学国際総合科学部教授の増田公香氏からは、山口県立大学赴任中に、下関市の通所施設で起きた虐待事件の検証に関わった経験から、行政が通報を受けて最初に立ち入り調査を行った際には把握できなかった身体的虐待が、後に職員が虐待場面を撮影した映像がニュース報道されて暴露されたことがあったが、その背景には、行政と施設とのなれあい体質があったのではないかという指摘があった。

弁護士の辻川圭乃氏からは、鹿児島市に虐待通報した職員が、施設側から名誉毀損などを理由に損害賠償訴訟を起こされた裁判の弁護団の一員としてその経過が報告された。障害者虐待防止法にのっとり、虐待通報した職員を裁判で訴えることは裁判制度の趣旨目的に照らして相当性を欠く違法な行為であるとして、職員側から施設側を反訴したこと、最終的に判決まで至らず和解成立となったが、「障害者虐待防止法の趣旨にのっとり、障害者虐待の防止及び早期発見に全力を尽くすことを相互に確認する」という和解条項が入ったことなどが報告された。

最後に、全国手をつなぐ育成会連合会会長久保厚子氏、社会福祉法人北摂杉の子会理事長松上利男氏、厚生労働省障害福祉課虐待防止専門官片桐公彦氏、小山理事長によるシンポジウムが行われ、学会の設立に寄せて、課題や期待が語られた。

当日は、障害者の家族や施設職員、弁護士や司法書士などの法律家、大学の研究者など様々な分野の方が参加し、アンケートの回答には、現場で役に立つ学会の活動にしてほしいという期待が多く寄せられ、今後の学会活動を進めていくうえでの方向性を確認できた設立大会となった。

学会では、平成三十年度から学術集会や会誌の発行などの活動を行っていくこととしている。

■そね・なおき……日本障害者虐待防止学会事務局長、日本社会事業大学専門職大学院准教授。

ＪＲエレベーター増設を求める訴訟の意義

池田直樹

訴訟最中のエレベーター増設発表

すでに本誌一五四号（二〇一七年三月）でご報告したとおり、ＪＲ西日本大阪環状線と学研都市線とが立体交差する京橋駅で、ホームからホームに乗り換えるために階段しかないところが三カ所あった。その三カ所について、なんとエレベーターを五回乗り替えなければたどり着けず、階段を利用できる乗客は数十秒内で行けるところが、エレベーターを乗り継ぐ場合は一〇分あまりかかってしまう。これでは「移動円滑化基準を満たしている」とは言えないとして、宮崎茂氏が原告となって声を上げ、大阪地方裁判所に提訴したのが二〇一六年九月八日のことであった。

そして、一年後の二〇一七年八月十日、ＪＲ西日本が突然、我々が求めていた三カ所にエレベーターを増設すると記者発表したのである。訴訟はまだ進行中なのに、である。さらに驚いたことに、ＪＲは「この増設計画は訴訟とは関係なく進めてきた」との断り書きまでつけている。

念のために、時系列で説明すると次のようになる。

二〇一三年十月、原告がＪＲ西日本に対して京橋駅にエレベーター三基を設置するよう要望書を内容証明で提出している。翌二〇一四年三月にも要望書を提出。しかし、二〇一四年四月のＪＲ西日本の回答は、エレベーターの増設計画について「現在のところ具体的な設置予定はございません」と言い放っている。だからこそ宮崎氏は提訴に踏み切ったのである。今回の記者発表で、ＪＲ西日本は訴訟とは別に増設計画を進行していたというが、そのような「言い訳」は通用しないと思われる。

訴訟取り下げと「弁論準備手続調書」作成

ともあれ、京橋駅に三基のエレベーターが増設されることになったことは大きな前進であり、この訴訟を今後どのように進めるか緊急に原告、支援者、弁護団と協議した。その結果、我々が声を上げて京橋駅を改善させることができたことは違いないことから「訴訟を取り下げる」こととした。ただ、取り下げなので「和解調書」のような文書は作れないが、裁判所の配慮で、「弁論準備手続調書」という形で、JR西日本が前記エレベーター増設計画があること、増設工事に際して原告から代理人を通じて問い合わせがあれば情報提供すること、といったことが「当事者の陳述」として書き留められた。

国際標準規格のエレベーターを目指して

実は、我々は、本当はもう一問着を狙っていた。JRが増設するエレベーターは「一一人乗り」のサイズである。大阪市内の地下鉄を含め、他の鉄道会社は「一五人乗りを標準とする」としている。エレベーターに車いすが二台入るためには一五人乗りが必要。これが国際標準（パラリンピックの標準）なのに、一一人乗りでは、外国から来た車いす利用者の笑いものになってしまう。

大阪だけ見ても、鉄道の立体交差は京橋駅だけではないことから、同様の他の駅のバリアフリー化を求めた交渉を始める必要がある。ともかく、日本において鉄道による移動は障害者だけではなく、ベビーカーの利用者、高齢者、肥満の人、皆が利便性を共有できなければならない。地域で生きる権利として「移動権」を明確に位置づけることができるまで、我々は闘い続けなければならない。

■いけだ・なおき……弁護士。上本町総合法律事務所。

案内板

東京インクルーシブ教育プロジェクト定例会
教育関係法令から見るインクルーシブ教育

▼日時：二〇一八年四月二十九日（日）一三：三〇〜一七：〇〇
▼場所：武蔵野芸能劇場　小ホール（JR三鷹駅北口一分）
・東京インクルーシブ教育プロジェクト活動報告
岩切玄太　山本奈緒子　薄出雅子
・講師：池田賢市（中央大学教授　教育学）
・進行：小野和佳（自立の魂）
▼定員：一〇〇名（お子さん連れ可）
▼参加費：三〇〇円
▼問い合わせ先：https://www.facebook.com/events/166680987460455/

教科教育に必要のないものが見えてくる鮮やかなカウンターパンチ

大森直樹・中島彰弘編著◎『２０１７小学校学習指導要領の読み方・使い方——「術」「学」で読み解く教科内容のポイント』

宮澤弘道（みやざわ・ひろみち……都内公立小学校教員）

発行・明石書店
定価 2200円＋税

今、書店の教育書コーナーに行くと、新学習指導要領についてのガイド本があふれている。そしてそのほとんどが、新学習指導要領の趣旨を好意的に受け止め、解説する類の本である。

しかし、今回の学習指導要領の改訂は戦後最大の改悪改訂であり、本来学習指導要領が示してきた「最低限度の」学習内容を示す大綱的なものから、授業の進め方まで規定する細目的なものへとその性質を大きく変えてきたのであるから、そこを問わねばならないであろう。

では具体的に何が変わったのか。文科省は今回の改訂を「どう学びどういかすか」を示したことを目玉として掲げているが、これこそが大問題なのである。

「どう学び」は前述したように「教え方まで規定する」ということである。今までの学習指導要領は教科教育の「大綱」であったため、教え方まで規定することはあり得なかった。当然である。子どもや教員は一人ひとり全て違うのだから。しかし今回、「アクティブラーニング」を合言葉に、教え方まで規定してしまった（その後、「アクティブラーニング」は「主体的・対話的で深い学び」へと言い方を変えたが、中身は同じ）。これは民主的な教育の破壊である。

そして二点目の「どういかすか」。これは道徳の教科化と大きく関係している。そもそも、教科教育とは科学的でなければならない。一般化・体系化できるからこそ、学校は教科として教え、評価することができるのである。

しかし、今回の改訂では、例えば理科において「自然環境の保全に寄与する態度を養う」ことが「理科の」目標に入っている。理科でさえ、こんな非科学的な目標が設定されてしまったのである。そしてこんなことが許されることになった背景が「道徳の教科化」である。あらゆる学びを「道徳的に」評価する。得た知識の使い方までをも国家が規定してしまう怖さがここにはある。

さてそのような中で、今回の本である。この本は一見するとただの新旧対照表なのだが、巷の対照表であれば新しく入った文言にアンダーラインが引かれていたり、削除された文言を示したりしているだけである。しかし本書は、伝説的な数学者である遠山啓さんの「術・学」の視点から、全教科にわたり、教科教育として教えることができる内容にのみアンダーラインを引いているのである。「どういかすか」への鮮やかなカウンターパンチである。本書を活かすことで道徳に惑わされずに教えるべき内容が浮き上がってくるし、市民の皆さんにとっても教科教育が大切にすること、教科教育に必要のないものが見えてくる良書である。ちなみに本書では、今回新設された「特別の教科 道徳」の内容には一切のアンダーラインが引かれていないことも付け加えておきたい。

現場からのレポート

第二十三回ピープルファースト大会in広島の報告

近藤竜治

広島で二度目の大会をやることになって

来年はどこで大会をやるのかということが、ピープルファーストジャパンの会議ではいつも話題になります。そんな時、広島は十年前に大会をやりましたが、ぼちぼちやらなければいけないかなと思っていました。前回の大会の時にピープルファーストヒロシマができたのでよく覚えています。

ピープルファーストヒロシマは、夏には一泊二日で合宿勉強会、冬には交流会、年始めには総会と自分らで計画して、運営してきました。地道な活動ですが仲間が集まって楽しくみんなの意見を取りまとめて実行するようにしてきました。そんな活動を力にして何とか大会を成功させたいと思っていました。

大会では、参加する人がリラックスして落ち着いた雰囲気で集中力が切れにくいようにと考えました。難しい言葉や話もあるけど、帰ってからの活動に生かせる情報を持って帰ってもらえることも考えました。いろいろな問題がありますが、どれも仲間の大切さが伝わればいいと思いました。そんな気持ちで準備に取り組んできました。

現場からのレポート

地元実行委員会

二カ月に一度、第三土曜日に福山と呉で持ち回りの実行委員会を持ちました。まず、大会までのスケジュールを決めました。そして全国実行委員会に出す議案をつくったりしました。

私たちが集まる場では支援者は口を挟まないなか、うまくまとまらなくて頭のなかがごっちゃになり、しりめつれつになったりしました。そんな時でも自分のことを分かってくれている仲間は修正したりして協力してくれました。

全国実行委員会

全国実行委員会は、初めに実行委員会の構成をどうするかということから始めました。

実行委員がブロックによって偏りがあったりするのでバランスを考えたり、交通費のことも考えたりしなくてはなりませんでした。それに実行委員は会員の意見を集めて、大会の計画をしたり、運営をしていく責任があります。だから実行委員を決めることはどれも重要なことで、決めるのが難しかったです。

話し合いの結果、実行委員長は開催地から、副実行委員長は前年度開催地と開催地からの二名とし、事務局長は開催地から出すことになりました。実行委員はブロックごとに二名としました。ただ関西ブロックは大きいので三名としました。合計一六名ということになりました。その他参加希望のある人は自由に参加して意見を言うことができるようにしました。ただ、決めるときに使う議決権は実行委員だけにするということにしました。

広島は原子爆弾を初めて受けた地です。戦争に向かっているのではないのかと思う現在の日本で、本当に戦争になったらどんな被害を受けるのか自分の目で確かめてほしいと思いました。これは言葉だけでは伝わりにくいので、被爆資料を

全国実行委員会のようす

見たりしてほしいと思いました。だから大会のどのテーマにもこの気持ちがこもっているつもりです。

「差別虐待のない社会をつくろう」

「困っている仲間を忘れず助け合おう」

「戦争のない平和な社会をつくろう」

の三つを大会テーマとしました。

また、「障害者権利条約を批准」というときの批准という言葉をどう言えばみんなに理解されやすいかを考えたりしました。簡単に言い換えることも難しいし、説明することも難しいし、です。かっこをつけて言い換えの言葉をつけることにしましたが、話し合えば結構知恵が出てきました。それだけでみんなに分かりやすくなるわけではありませんが、こうした努力は大切だと思いました。

大会スローガンの並べ方を考えたり、分科会の名前のつけ方についても分かりやすいことを大事にして考え合って決めていきました。

全体会の講師についても分かりやすく、しかも大会のテーマにあった話のできる人を考えました。推薦が何人かありましたが、長瀬修先生（立命館大学生存学研究センター教授）にお願いすることになりました。大会の趣旨など分かってもらっておかないといけないと考え、直接会ってお願いすることにしました。そして大会パンフレットに講演の要旨をまとめてもらうようお願いしました。大会に参加してくれる仲間にできるだけ分かりやすいようにと頑張ったつもりです。

また、話を聞くだけでなく、みんなが困っていることや頑張っていることを出し合うことも重要と考え、できるだけ交流の時間を取るようにしました。

最近の大会は開催地の工夫を凝らしたTシャツを販売してきました。広島では、時期が寒くなっている十一月末ということもあって缶マグネットを作ることにしました。絵は会員から募集して決めました。広島らしいものになったと思います。缶マグネット作りは福島の仲間にお願いしました。

大会のようす

（一）全体会

長瀬さんのお話では、津久井やまゆり園事件は誰にとっても許せないことで、世界中の仲間が許せないと声を上げているということや、障害者権利条約をつくる過程で、知的障害者の代表が参加してきたことなど、写真などを使って伝えてもらいました。ヒトラーのしてきたことについても詳しいお話を聞くことができました。きっと長瀬さんは、私たちに、私たちが自信を失なってはいけないと言いたかったのだろうと感じました。

ピープルファースト横浜は、津久井やまゆり園事件が起き

全体会（入場）22地域613名の参加

てから現在までのことを話してくれました。特に施設の建て替え問題について、事件現場での建て替えには納得できないと思いました。小さい施設にすると言っていますが、自分の希望する生活をできるようにすべきです。暮らしていく当事者の声をきちんと聞くことを大事にしてほしいと思いました。

次は、福島から菊池さん、札幌から鬼塚さん、大阪から塩田さんにそれぞれの問題について報告してもらいました。なかなか問題は解決できないですが、一つひとつ解決していかないと障害のある人は地域で普通に暮らすことはできません。いつまでたっても特別な生活をしなければなりません。私たちが自分の困っていることを我慢せずに変えることが大事だと思いました。

講演や報告の後、質疑や意見発表の時間も取りました。みんな聞いてほしいことがあると感じます。エネルギーがありあまっています。このエネルギーが日常生活で十分発揮できているといいのですが……。

またレクリエーションも入れて、簡単な運動や合唱をして気分転換をするようにしました。思っていた以上にみんなノリノリでよかったと思いました。

（二）交流会

準備の段階では、ゆっくりと交流をしながら食事ができる

分科会での発言

ようにしようと打ち合わせをしていました。テーブルごとに大皿で料理を並べ、取りに行かなくてもいいようにしようとしていました。ところが料理が品数も量も非常に少なくて、みんなのお腹を満腹にすることはできませんでした。地元の反省会でも話題になりました。交流会費が高いと実行委員会でも言われていたのに、これでは申し訳ないと私も思いました。それでも名刺交換や、音楽に合わせて踊ったりして交流してくれたようでした。閉会式の自由討議でも「よかった」と言ってくれる人もいて、ちょっと安心しました。

（三）分科会

一二の分科会をしました。分科会の参加は七四名というところから一三名というところまで幅広くありました。どの分科会も自分たちが進行して盛り上がっていたように思います。やっぱり分科会は参加した人が自分の意見を発表しやすいようで活発でした。

大会を終わって

私は仲間の力を感じることができたのが一番うれしかったです。

会議の進め方について混乱してくると、誰かが「こうしたら……」と声をかけてくれました。私のやり方を受け入れて直してくれました。命令されたり、文句を言われたりしていたらきっと私は疲れ果てていたと思います。私は体調が不安なんですが、何とか実行委員長の大役をやり遂げられました。

また、実行委員さんがそれぞれ自分の役割をきちんとやってくれました。みんな今までの大会で培っていることでもあるので、緊張しながらやり遂げてくれました。役割分担をするときでも自分から立候補して役割を埋めてくれました。司会の仕事は何人も立候補があって、予定した形を変えてたくさんできるようにしました。遠く離れた人同士でしたが、打合せもしてくれていました。

準備の段階から、ほぼ自分たちが中心になってまとめ上げられたのはすごいことだと思います。全国の仲間が力になってくれて大会がまとまったと思います。あわてながらでも自分たちが振り分けた役割を、今までの大会で見てきたことを生かしてやり切れたと思います。

私は新しい仲間を増やしていけるように、これからも仲間を大切にして頑張りたいと思います。次の奈良大会も仲間とのつながりを大切にして成功させたいと思います。

こんどう・りゅうじ……「第二十三回ピープルファースト大会in広島」全国実行委員長。ピープルファーストヒロシマ結成のときからピープルファースト運動に取り組む。障害者支援区分4で、月四五時間の家事援助を受けながら市営住宅で独り暮らしをする。現在四一歳。

現場からのレポート

第六回ＤＰＩ障害者政策討論集会　報告

笠柳大輔

全てのいのちと尊厳が守られる社会に

二〇一七年十二月二日、三日の二日間、第六回ＤＰＩ障害者政策討論集会（以下、政策討論集会）を東京都新宿区の戸山サンライズにおいて開催した。本集会は、全体テーマを「全てのいのちと尊厳が守られる社会に」と題し、熱のこもった討論が繰り広げられた。

今集会は、一日目に全体会一「障害者権利条約の完全実施のためのパラレルレポート作成プロジェクト報告」、二日目午前に全体会二「相模原障害者殺傷事件、二度と繰り返さないために私たちは何をすべきか」、午後に分科会という形で行われた。本稿では二日目全体会の模様を報告する。

なお、分科会は四分科会行われ、テーマは以下のとおり。一、地域生活「障害福祉サービスのアクセシビリティを考える～より使いやすい障害福祉サービスを目指して～」、二、雇用・労働「障害者の働く場の現状と課題～就労継続支援Ａ型事業所を中心として～」、三、障害女性「優生保護法が心と身体に跡《のこ》したもの～障害女性の視点から」、四、国際協力「持続可能な開発目標（ＳＤＧｓ）達成と障害者の自立生活の実現」。

現場からのレポート

全体会二「相模原障害者殺傷事件、二度と繰り返さないために私たちは何をすべきか」

（一）基調報告「暴力をなくすために」

まず熊谷晋一郎さん（東京大学先端科学技術研究センター准教授）から基調報告を頂いた。熊谷さんは東京大学でバリアフリー、障害当事者に関する研究を行っている。

基調報告のテーマは、昨年（二〇一六年）七月二十六日未明に津久井やまゆり園で起きた障害者殺傷事件が一つの理由となっている。この事件を聞いたとき、本当にショックだった。被告は手紙で障害をもった人、特に重い障害をもった人は、生きる価値がないという内容の文章を書いた。社会に役立つ人は生きていていいけど、役立たない人は生きていてはいけないという考え方をもっていたこと、また、被告は障害をもった人の介助を経験した人、介助者であったことが、とてもショックだった。介助者なしでは、私は生活できない。例えば、お風呂に入るとき、トイレ、ご飯、すべて介助者が必要。しかし、障害者と介助者との間には対等な関係はないということはとても重要なポイントである。一点目、まず力が違う、本気で喧嘩をしたら介助者に負けてしまうという事実。二点目、障害者は生きるために介助関係からおりることはできないが、介助者は原理的には介助以外の仕事ができる。この二つは無視できない不平等さ、介助者と障害者は違う立場にあるということ。

思い返してみると六〇年代、七〇年代の重度障害者は暴力の歴史を背負ってきた。残念ながら大人の障害者への暴力研究は少ない。障害をもっている子どもがどんなときに暴力をふるわれているのかという研究によると、暴力の要因は大きく分けて三つある。一つ目は子ども側の要因。二つ目は家族、施設のスタッフ側の要因。三つ目は環境要因。例えばバリアフリーになっていない、電動車いすが支給されておらず、移動能力が低い状態に陥る場合は暴力を受けやすい。あと言語能力。言語能力に障害があると、周囲に伝えられず、暴力を受けやすいという報告がある。また見えにくい障害、ADHD、自閉症スペクトラム、精神障害など、一見違いがないように見える子どもも暴力を受けやすい。それは周りの大人たちが、この子は努力不足なのではないか、反抗しているのではないかと人格的な問題に解釈しがちになり、暴力がエスカレートしやすいからと言われている。社会的排除、障害をもった人をのけ者にする社会では当然暴力が起きやすくなる。

もう一つ、専門家だけに頼れるというコミュニティは、障害者福祉が進んだ地域だと勘違いされやすいが、本当は近くに障害者がこないでほしい、地域住民の人々が依存先にならない、専門家以外の人々に頼ることができない地域だったりする。専門家以外のネットワークで支えられる社会をつくるために一歩引いて、専門家が影となって支えられている地域では暴力が少ないということが言われている。極端に言うと、七〇年代までの障害者は、依存先が年老いた家族か、人里離れた施設しかなかった。

私はよく先輩障害者から介助者の数を増やせとアドバイスをされた。障害者一人に対して専属の介助者は何人いるのかということはとても大切で、例えば介助者が一人しかいなければ、人間は定期的に不機嫌になるので、暴力的になったりすることもある。そこまでは避けられないことだが、それが常態化してしまうのが問題である。そうした時に、その人との関係を打ち切りにしたいが、一人しかいなければそれができなくなってしまう。依存先が少ない、依存できるものが少ないというのは、障害者の置かれがちな状況を表す一つのキーワードだと思う。

二〇一一年の東日本大震災のときに、私は六階建ての建物にいて、エレベーターが止まってしまい、すぐに逃げることができなかった。同僚たちが私を逃してくれたが、本当に焦った。これが障害者の現実かと思った。健常者は階段も使えるし、体力があればはしごやロープを使って逃げることもできた。しかし私はエレベーターを使って逃げることしかできない。ここから健常者と呼ばれている人たちは本当にたくさんのものに依存していることがわかる。それはこの社会全体が健常者にとって使いやすいものになっているから、自ずと依存できるものが増える。だから自立支援とは依存する先を減らすのではなく、依存できる所を増やすことだということがわかる。自立生活運動とは、依存しないための運動だったというよりも、依存できるものを世の中にたくさん張り巡らせる運動を切り開いてくれていたと感じる。

相模原障害者殺傷事件について、あのような痛ましい事件が二度と起きないために、暴力をふるってしまう側がどんな状況に置かれがちなのか調べたり、インタビューをしてきた。驚くことに結論は被害者と同じだということだった。つまり加害者の側も依存先が少ない、社会から排除されている傾向がある。つまり暴力は社会的排除から生まれている。つまり個人を矯正するだけではなく、社会的アプローチが必要である。

これまでの研究でどんなときに人は暴力に導かれやすくなるのかという研究があるが、精神障害と暴力は全く関係ないことがわかっている。小さい頃、お金がなく、差別を受けていたりすると反社会的な行動パターンになりやすいことがわかっている。本人が生まれつき反社会的なわけではなく、最初に暴力をふるっていたのは社会の側ということが重要。また暴力をふるわれていたりすると、そのトラウマが理由で暴力につながりやすいことがわかっている。最初は社会から、親しい人から暴力をふるわれているという経験が先にあるにもかかわらず、本人ばかり治療しようとするからおかしなことになると分かっている。

つまりどれも加害者個人の問題ではなく、その人を排除した社会の問題にアプローチをしないといけないが、なかなか実現していない。この相模原事件を、加害者、被害者の問題を切り離して論じるのではなく、どちらも社会的なアプローチが必要な問題なのだという方向で考えていかなくてはいけない。

今、介助者の虐待防止当事者研究というのを行っている。介助者もストレスにさらされている。介助者の辛さも分かち合い、燃え尽きたり、極端な場合、暴力につながるような介助者の悩みや傷つきも、寄り添ってサポートするような取り組みも必要ではないか、プログラムを慎重に進めている段階。

（二）パネルディスカッション

続いてパネルディスカッションを行った。パネリストに鈴木治郎さん（神奈川県障害者自立生活支援センター理事長）、小西勉さん（ピープルファースト横浜会長）、藤原久美子さん（自立生活センターBeすけっと事務局長／DPI女性障害者ネットワーク代表）、コメンテーターに熊谷さん、コーディネーターは崔栄繁《さいたかのり》（DPI日本会議議長補佐）が務めた。

藤原さんのお話。ご自身がI型糖尿病で三十代半ばで失明し、視覚障害者になったが、障害をもってから、とたんに家族から結婚や子どもを産みなさいということを言われなくなった。その後、妊娠したが、医者と母親から出産を反対された。それは障害児が生まれるリスクが高いから。障害者が生まれては困るということ、それは相模原事件の容疑者が言っていた障害者はいないほうが良いという言葉そのままだった。大変だったが、なんとか出産することができた。子どもが四歳ぐらいのときに、DPI女性障害者ネットワークに出会い「障害があることで生きづらかった経験はないか」と聞かれ、妊娠、出産のときの経験を思い出した。また優生保護法という法律を知り、「不良な子孫」という言葉にドキッとした。母たちが言っていたのは、こういうことだったんだと。また一九九六年まで優生保護法があり、出産したのが二〇〇四年だったが、ほんの八年前までこんな法律があった事実に驚いた。過去には一九六六年、兵庫県で独自の県民運動として「不幸な子どもを産まない運動」が起こり、当時の兵庫県知事はこうした運動を批判するのではなく、賞賛するような記事を書いている。国から補助金が出ていない手術も、県が独自に補助金を出して、中絶の羊水検査、出生前診断なども進めていた。こうした歴史があったことを知らないといけない。今回の相模原事件も優生思想につながることだったと思う。

続いて津久井やまゆり園を運営していたかながわ共同会の評議員をされていた鈴木さんからご報告いただいた。神奈川県では今、津久井やまゆり園の場所に十人制のユニットを作るなどの説明会があるが、私はあの場所に住む気持ちにはなれないし、あそこに建て替えることが本当に良いことと思えない。障害は好きでもっているわけではないし、障害ってあるものだと肯定をしてほしい。障害はあるものだし、なくならないのだと理解しないと、分離と共生の格差は広がってしまう。また障害者同士でも格差がでてきていて、分断が起きているのではないか。一部の障害者だけを考えるのではなく、多様性を考えてほしい。

続いて小西さんからは、ピープルファースト横浜が出した事件後の声明や神奈川県の状況についてご報告頂いた。神奈川県はやまゆり園の施設の全面建て替えを決定したが、ピープルファースト横浜は、施設ではなく、地域で仲間として暮らすことの要望を出した。これは私たちの仲間の声である。六八億円の建て替え費用があれば、多くの仲間の地域支援の広がりにつながる。私たちは「津久井やまゆり園の建て替えを話しあう会」を開催し、当事者、経営者、施設、家族など様々な立場の方から発言があった。その話し合いの内容を基に、職員と一緒に要望書を考えた。運動の結果、大規模な入所施設建て替えは撤回され、分散化という方針に変わった。入所施設は終の棲家ではなく、通過型施設という理解をしてくれた。当事者の人生は親や、行政や、職員が決めるものではなく、自分にしか決められない。自分の命の価値、幸・不幸なども自分にしか決められない。もっともっと仲間の声を聞いてほしい。ピープルファースト横浜は、これからも津久井やまゆり園で起きた事件を考えていく。差別も虐待もなく、みんなが安心して暮らせる社会を目指していきたい。

各報告に対して、コメンテーターの熊谷さんからは、やまゆり園の施設建て替えの問題に対して、この一年粘り強く交渉してきたんだということがわかり、改めて感動をした。改めてこの一年間のことを伺いたい。鈴木さんに対しては、やまゆり園の再建について何らかの再建をしなくてはいけないことは仕方がないと思ったのはどうしてか？　批判的な意味ではなく、そう思うに至った経緯のようなものをお聞きしたい。藤原さんに対しては、障害者運動団体内部の女性差別の問題について、意見があればお聞きしたい。小西さんに対しては、神奈川県との交渉でこれから取り組まなくてはいけない問題についてお聞きしたい。

熊谷さんのコメントを受けて、鈴木さんからは、神奈川県では少人数制の施設、十名ずつで分けるなど意見が出ているが、人数を決めてはいけないのではないか。グループホームが今主流となっているが、十名ならいいのではないかと定数を決める、それが一番危ないと思う。また今の場所への施設建て替えは絶対に賛成できない。原則は何かを考えてほしい。原則は地域で生活していくということ。行政はそういった基本計画を十年、二十年かかってもいいから、長期の計画をやってほしい。急に施設をなくせなどとは言わないから。

藤原さんからは、障害者運動の中で『母よ！　殺すな』の本のタイトルを知ったときには、ちょっとドッキリとした。私はどの立場なんだろうと思った。私には二歳下の妹がいて二一歳のときに子どもを産んだ。私は四〇歳で初めて妊娠をしたが、それまではずっと妹と比べられて、妹のほうが一人前として扱ってもらえる。子どもを産んでいない女性は半人前。何を言っても産んでいないくせにとはっきり言う人もいたし、産まない権利ってこの国にはないと思う。もう一つ、産んではいけない女性もいて、それが障害者。私は産むべき女性として生まれたけれども、途中から障害をもち産んではいけない女性になった。一人で二つの経験をしたが、どちらも生きづらい。産めと言われたこともあるし、だいぶ前に、大臣が女性を「産む機械」だという発言があってバッシングがあったり。それは当たり前、ある意味正直に言ったのだと思う。子どもがいない男性よりも女性のほうに対して、より差別があると思う。女性の身体、こころにかかってくる社会的な抑圧はすごい重いものがある。ジェンダーの問題は本当に根深く、普段の会話の中でもさらっと出てくる。それだけ染み付いている問題。障害者運動の中で、ジェンダーというのがどこまで実現していくのか、そこはこれからＤＰＩが積極的に取り組んでいかねばいけないことだと思う。

小西さんからは、やまゆり園事件のことについては、シンプルで簡単なことしか考えられないが、みんなが優しくなって、暴力がなくなれば良いと思う。支援者も本当にきついと思う、周りを見ていてわかる。だけど頑張って欲しい。みんなが笑うことが一番、というお話があった。

会場からは、東京の自立生活センターの取り組みとして、ある知的障害当事者の方がいて、二八歳のときに施設内で虐待を受けて、内臓出血を二リットルしたがなんとか生き返った。しかし市は、また別の虐待事件が起きた施設にその人を入れようとしたので、自立生活センターでその人を引き取り、一つのセンターだけではなく、複数のセンターで協力して二四時間ケアを始めた。その人は行動障害をもち、興奮したときにどう対応するのか、どうしたらいいのかみんなで考えて、好きな星座の本を見せたり、お母さんとも相談をした。やまゆり園を閉鎖したらどうなるのか、このようなモデル例を示していかなければいけないと思っている。

各登壇者の発言を受け、熊谷さんから、「母よ！　殺すな」の時代から、社会から女性が暴力を受け、暴力を受けた母が障害児に暴力をふるう、暴力がドミノ倒し的に連鎖をしていく現実があちらこちらで起きている。それが障害者運動の内外でも起きているし、障害当事者の格差の問題と密接に関係している。やまゆり園の問題は、その分断があらわになった問題。分断に抗うにはどうしたらよいのか。私は小西さんがおっしゃった「思いやりと優しさ」がトップ・キーワードと考える。海外の文献でもこの分野の調査研究では、「compassion」（日本語で言う「思いやり」）という言葉がたくさん出てくる。これはとても素朴な言葉だが、がっちりと向き合っていかなくてはいけない。

最後にコーディネーターの崔から、みなさんにお伝えしたいことは、各シンポジストの方の報告にもあったが、自分のこととして考える。被害者の方、加害者の方、施設にしか依存先がなかった保護者もそうだし、自分のこととして考えなければ。熊谷さんがおっしゃったが、自分のこととして考えることが重要。分断、なぜ皆が優しくなれないのか。それを考えていくことが、相模原事件のような事件を起こさせない、特効薬にはならないけど、大切なことと感じたというまとめがあり、以上で全体会は終了した。

当日は全国から百五十名を超える参加者があった。関係者の皆様含め、改めて御礼申し上げたい。

かさやなぎ・だいすけ……NPO法人DPI日本会議事務局。生まれつき四肢の筋肉が徐々に落ちていく難病を抱えており、手動車椅子と杖を併用し生活している。

論文

障害者にとって「人間としての尊厳」とはなにか？

―障害者の権利条約第十七条の日本政府訳に対する疑問―

二文字理明

はじめに

国連によって二〇〇六年十二月に採択された障害者の権利条約は、現時点において障害者分野における国際的な到達点を示す最も重要なものである。しかし、同条約の日本語訳をみて腑に落ちないことが少なからずある。特に、第十七条である。ここでは、その疑問を出発点とする。

筆者は長い年月にわたってスウェーデンの障害者福祉関係の文献の読解に関わって久しい人間の一人である。そういった立場故に、権利条約のスウェーデン語訳と日本語訳に同時に接する機会を得ることができた。その過程で、日本語の翻訳には、本来の意味を意図的にあいまいにする作為あるいは流行の言葉で言えば「忖度」が感じられてならなかった。それ故、第十七条の日本語訳を看過するわけにはゆかないのである。スウェーデン政府は、同条約に積極的に関わって、他の国々をリードしてきた国である。そのスウェーデンにおける同条約第十七条の「スウェーデン語訳」および、その意味あるいは解釈を参照してゆきたい。

そのことを通じて、第十七条の「日本語訳」を吟味し、そもそも「人間としての尊厳」とはなにかを再確認し、第十七条の本来の意味を確認しておきたい。第十七条の重要な意味を矮小化してはならないからである。

Ⅰ　障害者の権利条約（二〇〇六年）第十七条の英語正文・スウェーデン語訳・日本語訳の比較

障害者の権利条約の正文は、英語、フランス語、ロシア語、スペイン語、アラビア語、中国語の六カ国語である。スウェーデン語訳も日本語訳も、国際的には問題にならないのかもしれない。当該の国の国内で、それぞれの国内事情において議論になるだけのものであろう。しかしながら、スウェーデン語版も日本語版も、いずれも、英語の正文から翻訳されている。スウェーデン語版と日本語版も本来は同一の内容でなければならない。これは当然であろう。しかし、なぜか同じではないから不思議である。

障害者の権利条約第十七条の英語正文、スウェーデン語訳、日本語訳を列挙すると次のようである。

（一）英語正文

Article 17　Protecting the integrity of the person

Every person with disabilities has a right to respect for his or her physical and mental integrity on an equal basis with others.

（二）スウェーデン語訳

Artikel 17　Skydd för den personliga integriteten

Alla personer med funktionsnedsättning har enligt denna artikel rätt till respekt för sin fysiska och psykiska integritet på samma villkor som andra.

（三）日本語訳

①日本政府訳

第十七条　個人をそのままの状態で保護すること

全ての障害者は、他の者との平等を基礎として、その心身がそのままの状態で尊重される権利を有する。

②川島聡＝長瀬修仮訳（二〇〇八年五月三十日付）

第十七条　個人のインテグリティ〔不可侵性〕の保護

障害のあるすべての人は、他の者との平等を基礎として、その身体的及び精神的なインテグリティ〔不可侵性〕を尊重される権利を有する。

③障害者権利条約（日本版 Wikipedia）

第十七条　個人のインテグリティの保護

障害のある人への不可侵性（そのままであること）を保護する。一切の強制は認めず、また、プライバシーや人間関係、所有物を全て個人が所有し、それをどういった理由でも他者が所有したり、記録したりすることを許されないこととする。

英語正文における integrity という語は、スウェーデン語では integritet となっている。日本語では、この語を巡って、さまざまな訳が展開しているが、いずれも、同条約の他の条文の訳に比べても違和感を否めない。あえて本来の意味である「人間としての尊厳」を避けているように思われるからである。

日本版Wikipediaでは、条文には存在しない言葉を盛り込んででも、条文の意味を説明しようと工夫しているのが分かる。

国連での「障害者に関する権利条約」成立への過程で多くの議論があったことは、日本政府およびスウェーデン政府のインターネットを検索していけば判明する。スウェーデン側からの、社会福祉大臣も経験した、盲人のBengt Lindqvist（一九三六－二〇一六）らの積極的な関与に比べ、日本政府の側からの消極的な態度が鮮明であったようだ。こういった背景を理解したうえで、第十七条の「人間としての尊厳」（integritet）の、スウェーデンにおける本来の意味を、ここで紹介し、読者に検討の材料としていただけるように願うものである。

本稿の意図は、同条約の第十七条で用いられている語、integrity（英語）、integritet（スウェーデン語）には、その本来の意味からすれば、「人間としての尊厳」という日本語訳をあてるべきではないかという指摘である。そして、その上で、「人間としての尊厳」が具体的に、障害者にとってどういった意味内容を指し示すものかを明らかにすること、それこそが重要なのである。現状の日本語訳では、かえって、その本来の意味が損なわれてしまうからである。

Ⅱ　スウェーデンにおけるintegritetの意味

スウェーデンにおいて、integritetという語がどういう意味で使われているかを検討してみよう。ここでは、SMERの定義を引用する。SMERはStatens medicinsk-etiska rådの略称であって、国家医療倫理委員会と称する国家機関であり、社会省（Socialdepartementet）に直属する委員会である。同委員会のホームページに、「尊厳」（integritet）に関する定義が掲載されているので、それを見てみよう。

SMERの定義（http://www.smer.se/）

integritetは、ラテン語に由来する。その意味は、「侵されていない」「損なわれていない」「完全なもの」である。integritetという語の概念は、「尊厳」（värdighet）、「価値」（värde）と密接に関連する。一人ひとりの人間が、人間として、侵されることのない固有の価値を有していることを意味する。

integritetという概念は、物理的「尊厳」および精神的「尊厳」に分けることができる。物理的「尊厳」は、身体を全体として丸ごと捉えることである。誰も、他者の身体を、当事者の同意なしに調べることはできない。精神的「尊厳」は、個々人の価値判断、見解、意見、願望等を複合したものと考えられる。個人の信仰についての考え方や精神生活がこれにあたる。これに対して、圧力をかけ、不正な操作の対象にすることはできない。個々人の意見や価値判断は損なわれてはならない。

「人間としての尊厳」(personlig integritet)は、侮辱されないこと、侮辱されない権利を意味する。本人が尊厳を主張することができないとしても、その尊厳が無効になることはない。このことが尊厳というものの特質を物語っている。保健医療の分野で、「人間としての尊厳」はさまざまな形で危機にさらされている。当事者の意思に反する処遇にもさらされかねない。人として侮辱されたと感じることも発生しかねない。また、誰かの手によって、守秘義務に反して、当事者に関するデリケートな情報が流出しかねないことがある。

「人間としての尊厳」は、就中《なかんずく》、当事者自身が、自己の情報を所有すること、特定の事項については自ら情報を保持する権利を有することを本義とする。

以上によって、スウェーデンにおける integritet の意味がご理解いただけると思う。スウェーデン政府の訳は、こういった理解の上に成立したものである。日本語訳には、スウェーデン語訳に比べると、そのあいまいさが浮かび上がってくるのがお分かりいただけると思う。スウェーデンにおける integritet の理解、解釈はこれで終わるのではない。むしろ、ここからが重要なのだ。なぜなら、integritet の意味を、障害者に即して、具体的に説明した文書が、スウェーデン社会庁(Socialstyrelsen)によって、既に、一九八五年に公刊されている。障害者の権利条約第十七条は、まさに、スウェーデン社会庁の文書に、その内容が具体的かつ明確に明らかにされているのである。文書の内容から明らかなように、この第十七条は、障害者のなかでも、とりわけ、知的障害者の権利獲得の戦いの歴史の成果なのである。次に、その内容を概略しておこう。

Ⅲ　スウェーデン社会庁『人間としての尊厳』(一九八五)を読む

先に紹介したSMERの定義によって、integritet, personlig integritet の意味が了解されたと思う。国連やUNESCOと連携しながら、ノーマライゼーション思想を発展させてきたスウェーデンは、障害者の権利獲得の先進国である。そのスウェーデンでは、一九八五年に既に、『人間としての尊厳』というタイトルそのままの小冊子が、社会庁の文書として刊行されている。これによって、障害者の権利条約の第十七条に規定された「人間としての尊厳」の内容を具体的に展開しているのである。

この本の内容は、知的障害者にとって「人間としての尊厳」

（integritet）とはなにか、それを具体的に明解に説明したものとなっている。著者は、当時、スウェーデン社会庁の医務官であったKarl Grunewaldである（引用ページは日本語訳版から示した）。

スウェーデン語版の原著は次のようなタイトルとなっている。

- Socialstyrelsen (1985) ***Integritet*** *— om respekten för vixna utvecklingsstörda* (Allmänna råd från Socialstyrelsen 1985:3)

なお、同文書の英訳版は次の通りである。

- The National Swedish Board of Health and Welfare (1987) ***Human Dignity*** *— Respect and Consideration for Mentally Disabled Adults* (Official Recommendations from The National Swedish Board of Health and Welfare)

スウェーデン社会庁（一九八五）『人間としての尊厳』の概略

（序章）

人間は一人残らずすべて、配慮に満ち尊敬された処遇を受ける権利がある。これは基本的人権であって、当人が周囲の人々の尊敬や配慮を獲得することができる能力の持ち主であるか否かに関係なく、すべての人に普遍的に適用される権利である。

しかし、配慮され尊敬されることのない、利用されるだけの人々が存在している。彼らは、自己の生活に関して自ら選択することを許されず、また彼らの**尊厳**（integritet）が顧みられることもない。こういった人々の一部を構成するのが知的障害者である。彼らは他者にほとんど全面的に依存した生活を送ってきた。彼らは知的障害のために諸権利を侵害される危険にさらされる（九－一〇頁）。（中略）

知的障害者に関して、**人間としての尊厳と権利**の問題に関する、社会庁の見解は、文書の各章において展開されている（一二頁）。

（第一章）知的障害者の自由と権利

知的障害者も本来、障害のない市民と同様の自由と権利を保障されている。自由と権利は法的根拠なしに制限されるべきではない。一つひとつのケースにおいて制限が加えられるかどうかは、その真価に照らし合わせて個別に判断されるべきであろう。自由と権利の制限は明確に公正にのみ実施されるべきであろう。

憲法によれば、知的障害者を含むすべての市民は、言論、情報伝達、集会、デモ行進、結社および宗教活動の自由を享受する。他のすべての人々と同様に、障害者も屈辱や不快ではなく、**人間としての尊厳**（integritet）や**自己決定**（självbestämmande）や**共同意思決定**（medbestämmande）への権利を配慮された処遇を受けるのが当然である。成人としての年齢に達すれば知的障害者も選挙権を行使する権利を有するし、また、一身上の問題でも金銭上の問題においても自己責任をとれる。こういった諸権利は障害の程度を問わず、すべての障害者に平等に適用される。自らの意思を人に伝えるのに困難がある場合は、当人をよく知るものが代弁者にならなければならない（一五頁）。

第一章で述べられた原理原則に従って、その具体化が第二章および第三章に展開する。

（第二章）知的障害者を一個の人間として尊重すること（一六－二五頁）

①知的障害者は不快感を伴う侮辱的な処遇を受けない
②見学者の来訪等に際して知的障害者を見せ物にしてはならない
③知的障害者を経済的搾取の対象にしてはならない
④秘密の保持と守秘義務

（第三章）自己決定の権利（二六－四五頁）

①自己の日常生活上のことに関して自己決定する権利
②自己の将来のことを自己決定する権利
③プライバシーを保障される権利
④強制の禁止
⑤活動の自由の権利

おわりに

世界人権宣言、国連憲章では、英語の dignity には、尊厳という日本語があてられている。この dignty と同義の語が、障害者の権利条約では integrity になっているのである。スウェーデン社会庁の文書、『人間としての尊厳』は、スウェーデン語版のタイトルが integritet 即ち、英語の integrity であるが、同文書の英語版のタイトルが、human dignity となっていることからも、integrity は human dignity と同義であることが確認できる。すなわち、英語の integrity は、dignity と同義であり、スウェーデン語では、integritet, värdighet または värde に該当する。日本語では、従って、「人間としての尊厳」という訳語をあてるのが妥当といえる。日本語の「人間としての尊厳」の同義語を三カ国語にまたがって表にすると次のようになろう。

英　語	スウェーデン語	日本語
integrity ＝dignity	integritet ＝värdighet ＝värde	（人間としての） 尊厳、価値

結局、障害者の権利条約第十七条は「人間としての尊厳」

についての人権規定の一つであって、その内容としては、障害の有無にかかわらず、すべての人に「人間としての尊厳」が保障されることを意味する。条文の文字どおりの意味は、スウェーデンの国家医療倫理委員会による integritet の定義が、それを示している。「人間としての尊厳」の具体的な内容は、スウェーデンにおける、あるいは、国連における、障害者運動の発展の結果を文章化したものである、スウェーデン社会庁文書『人間としての尊厳』そのものが明確に表現しているという次第である。特に、自己決定、共同意思決定がその根幹である。自分のことは自分で決める。それに困難があるときは、誰かに助けてもらって、自分で決める。決して、自分以外の他者によって決められることはない。それでも、自己決定が困難なときは、後見人、管財後見人、コンタクトパーソンなどによって支援を得ることができる。そのような内容を備えた「人間としての尊厳」の厳守を規定したものが、第十七条なのである。

結論として、障害者の権利条約第十七条の日本語訳は、スウェーデン語版と同様に、次のようになるべきだと考える。

第十七条　人間としての尊厳の厳守

障害のあるすべての人は、障害のない人と同じ条件のもとに、身体的にも精神的にも「人間としての尊厳」の対象として尊重される権利を有する。

文献

Utrikesdepartementet (2008) *Sveriges internationella överenskommelser Nr 26, Konvention om rättigheter för personer med funktionsnedsättning och faklutativ protokoll till konventionen om rättigheter för personer med funktionsnedsättning.* (SÖ 2008:26)

Socialstyrelsen (1985) *Integritet—om respekten för vixna utvecklingsstörda.* (Allmänna råd från Socialstyrelsen 1985:3)

The National Swedish Board of Health and Welfare (1987) *Human Dignity—Respect and Consideration for Mentally Disabled Adults.* (Official Recommendations from The National Swedish Board of Health and Welfare)

スウェーデン社会庁（一九九八）『人間としての尊厳』障害者人権文化室Nプランニング（ノーマライゼーションブックレット一）。

スウェーデン社会庁（一九九八）「人間としての尊厳」（二文字理明編訳『スウェーデンの障害者政策』現代書館）。

付記　本稿は、科研費（15H03514）による助成を受けた一連の研究成果の一部である。

■にもんじ・まさあき……大阪教育大学名誉教授。

連載「当たり前」をひっくり返す――フレイレ、ニィリエ、バザーリア

最終回　自由こそ治療だ

竹端 寛

はじめに

二〇一七年十月、待望の翻訳本が刊行された。『バザーリア講演録　自由こそ治療だ!』(岩波書店)である。フランコ・バザーリアが晩年に行った連続講演として評判の高かった『ブラジル講演』が翻訳されたのだ。やっとバザーリアの肉声がまとまった日本語として読めるチャンスがやってきた。この連載の最終回は、バザーリアの肉声に基づきながら、改めてフレイレやニィリエの思想と交錯させたうえで、「当たり前をひっくり返す」とは何か、を整理しておきたい。

関係性に着目する

バザーリアは、病を単体として考えることはなかった。

「狂気とすべての病は、私たちの身体がもつ矛盾の表出です。身体といいましたが、それは器質的な肉体と社会的な身体のことです。病とはある社会的な脈絡のなかで生じる矛盾のことですが、それは単なる社会的な産物ではありません。そうではなくて、私たちを形作っている生物学的なもの社会的なもの心理的なものといった、あらゆるレベルの構成要素の相互作用の産物でもあるのです。(略)たとえば癌は歴史的・社会的な産物です。なぜなら癌は、この環境において、この社会のなかで、この歴史的な瞬間に生み出されていて、また生態学的な変化の産物でもあり、つまりは矛盾の産物だからです。」

(バザーリア、二〇一七：一〇八頁)

癌を「器質的」な存在と捉え、その癌を除去することを目

指す。これはごく「ふつう」の医学のありようである。しかし、癌も糖尿病も脳卒中も精神疾患も、「ある社会的な脈絡のなかで生じる矛盾」である。他ならぬ「私」において、ある「歴史的な瞬間」に生み出される。それはもちろん「生物学的」な変化なのだが、ストレスや睡眠時間、食生活や対人関係といった「生態学的な変化の産物」でもある。そのような意味で、「あらゆるレベルの構成要素の相互作用」から生じる「矛盾の産物」である。これを、狭い意味での「原因－結果」という因果論で焦点化した場合、「生物学的」な説明はできても、他ならぬ「いま・ここ」の私にそのような「相互作用の産物」として出現した「矛盾」の全体像を示すことにはならない。「生物学的」な説明とは、「あらゆるレベルの構成要素の相互作用」を、「器質的な肉体」の一部位の変化や問題へと縮減して、一側面を説明しているだけである。それはあたかも「タケバタヒロシは大学教員である」と説明したところで、「竹端寛」の性格や志向性、家族関係や最近の体調を説明したことにはならない、というのと同じである。

　だが、私たちは「精神疾患」や「うつ病」、「認知症」というラベルを見聞きすると、何となく「ああ、そうなんですね」と「わかったつもり」になる。記憶障害や今までと違う言動、気分の落ち込みや不規則な睡眠など、これまでとの「違い」に当惑する家族は、そこに病気のラベルが貼られることで、「この普通ではない状態は、『病気』なんだ」とわかり、ある意味、「安心」する。だが、これまで見てきた通り、「精神病」「認知症」というラベルを貼ったところで、それは「生物学的」「医学的」な名付けに過ぎない。「大学教員」というラベルを貼っても、僕が毎日何時間睡眠を取るとか、家族とどういう関係性を営んでいるとか、わからないのと、論理的構造としては同じである。

　だが、「認知症」や「精神病」というラベルは、呪縛力がキツイ。「あの人は認知症（精神病）の人だ」とラベルが貼られ、ひとたびそう認識されると、その人の全ての発言や行動は「認知症（精神病）だから」と、「わかったつもり」で「理解」されてしまう。特に、暴力や暴言、徘徊や他者への「迷惑行為」など、「社会的に問題がある」とされる言動をした場合、「精神病（認知症）だから」と、「理解」され、その行為を注意しても収まらない場合は、「縛る（拘束）・閉じ込める（隔離）・薬漬けにする（薬物拘束）」という対応がなされる。そしてそれが「自傷他害の防止のため」という「医学的」理由で正当化されてしまう。これが、二十一世紀日本の現実でもある。

　一方、バザーリアは、病気のラベルを貼って「わかったふり」をすることはなかった。

「眠れないと訴える患者に対する私なりの対応は、その理由を当人と一緒に探すことです。そして、症状としてではなく、本人を取り巻く全体的な状況や実存の現れとして、不眠症を理解する方法を見出すことです。」

（前掲書：一八九頁）

「眠れないなら、睡眠導入剤を処方しよう」。これは二十一世紀の日本の診察室で、普通にやりとりされる会話でもある。だが、それは「不眠症」という「結果」＝「矛盾の産物」の背景を理解することなく、睡眠導入剤により、その「結果」を物理的（時には暴力的）に消し去ろうとする営みである。一方、バザーリアが述べているのは、「不眠」を「形作っている生物学的なもの社会的なもの心理的なものといった、あらゆるレベルの構成要素の相互作用」を「理解」しようとする姿勢である。だからこそ、「その理由を当人と一緒に探す」必要がある。そして、そのような「本人を取り巻く全体的な状況や実存の現れ」を共に探求することは、従来の「症状」のみに着目する「医師」のあり方と、全く別の有り様である。

「生産」を問い直す

「病気の予防あるいは健康の維持というのは、早期診断を行うことではなく、病気の原因になっている状況を労働の場や生活環境のなかで点検することを意味しています。労働環境というのは、病気を生み出さないようにはなっていないので、こうした点検を実践するなら、医師は行動の人となり、工場の中で奮闘することになります。より良い環境を取り戻し、日常生活を送り、そして何とか生き延びていくために、医師は、患者に機械的に薬を与えるのではなく、患者の労働環境がどうなっているのかということを、医療従事者たちと議論するようになるのです。」

（前掲書：一二五頁）

一般的に「病気の予防あるいは健康の維持」のために医師ができることと言えば、「早期診断」が思い浮かびやすい。だが、バザーリアはそれよりも「病気の原因になっている状況を労働の場や生活環境のなかで点検すること」を重視する。「早期診断」をした上で、「機械的に薬を与える」ことよりも、「患者の労働環境がどうなっているのかということを、医療従事者たちと議論する」ことのほうが、患者が「より良い環境を取り戻し、日常生活を送り、そして何とか生き延びていくために」必要不可欠なことである、と気づいていたからである。すると、本人が「病気」に陥るような「労働環境」そのものへの「問い」も、必然的に生まれてくる。

『貧しき狂人たち』の監禁は、生産性に根ざした社会においで、彼らが生産的でなかったことの帰結だということでした。また彼らが病気のままでいるとしたら、それも同じ理由によるものでした。こうした社会組織にとって、彼らは非生産的で役立たずだったのです。」（前掲書：七〇頁）

「生産性」の向上が大前提にされる社会においては、「非生産的で役立たず」な存在は排除の対象になる。日本では第二次世界大戦後の高度経済成長期に精神病院や障害者の入所施設が激増するが、「経済成長」＝「生産性」を最大限に重視する社会においては、その「生産性」の尺度に合わない人を合理的に排除する装置として、入所施設や精神病院が機能したことをも、意味する。その文脈を前提に置くと、次の文章の内在的論理も見えてくる。

「生産離脱による損失については精神障害者中、精神病者の八割及び精神薄弱者の高度の者、即ち白痴、痴愚にあたる者は生産離脱者と考えられ、これらの者の保護にあたる家族の生産離脱を加えるならば、精神障害者のために社会は年々一〇〇〇億を下らない額の生産を疎外されていると予測される」（厚生省公衆衛生局、一九五一：一一頁）

一九五一（昭和二十六）年の段階で、当時の厚生省は「精神病者」や「精神薄弱者」を「生産離脱者」と名付けていた。そのケアにあたる家族の「生産」も「疎外されている」とした。そのために、精神病院や入所施設を作る「対策」を検討しようと躍起になった。だが、そこでは、そもそもある人を「生産性」の尺度で切り分け、その偏差が著しい人に「生産離脱者」とラベルを貼ること、そのこと自体の恣意性や問題性は、全く取り上げられない。この生産性至上主義の考え方が「病気の原因になっている状況」でもあるのに、その価値前提を問うことはないのである。だが、バザーリアは、この「生産性」そのものにも、踏み込んだ分析を加える。

「医師や精神科医が実際に病人に施す治療は、疎外という意味をもたざるをえません。医療の唯一の目的が、初めは労働者として、次に病人という商品として、生産の歯車の中に病人を復帰させることであるかぎり、そうなるのです。このような治療は、人が主体的に自己表現するのを明らかに妨げています。こうして医師と病人の関係性は支配関係や権力関係になるのであり、この矛盾から抜け出すのは困難です。」（バザーリア、二〇一七：一三三－一三四頁）

医師の仕事は、病気を治療することである。この前提はバザーリアも共有している。だが、治療後に「生産の歯車の中に病人を復帰させること」が目的になっている場合、その「目的」そのものを問い直す必要が出てくる。なぜならば、「狂気」という形で「人が主体的に自己表現する」のを医療によって抑圧し、主体性や自己表現を制限して「生産の歯車の中」に収まる形に整えることを「治療」と名付けているからである。それは、「支配関係や権力関係」の行使であり、そのような「治療」は「疎外という意味をもたざるをえません」という帰結になる。それは、「狂気」そのものを問い直すことでもある。

狂気と理性

「狂気は人間の条件の一つです。私たちのなかには狂気が存在しています。理性が存在するのと同じように、狂気も存在しています。文明社会というためには、社会が理性と同じく狂気も受け容れなければならないのです。ところがこの社会は、狂気を理性の一部として受け容れます。したがってこの社会は狂気を排除する役割を果たす科学の力で、狂気を理性に変えようとします。マニコミオは非理性的なものを理性的なものに変えるという行為において、それ自体の理性を維持しています。ある人が気が狂ってマニコミオに入れられると、狂人ではなく病人とみなされるようになります。病人として理性的な存在になるのです。問題はこうした結びつきをいかにして破壊するのか、『施設化された狂気』をいかにして乗り越えるのか、そして狂気が生み出される場所、つまり生活のなかでいかにして狂気を認識するのかということなのです。」（前掲書：五四頁）

バザーリアは「理性が存在するのと同じように、狂気も存在しています」という。ただ、「この社会は、狂気を理性の一部として受け容れます」と言うとき、「主体的に自己表現」された「狂気」は「理性」とは違う、という前提をバザーリアはもっている。そして、「社会が理性と同じく狂気も受け容れなければならない」と言うとき、理性と同じように、狂気を狂気として受け容れる必要がある、と彼は指摘している。だが一方で、マニコミオ（＝精神病院）は、狂気を狂気として受け容れる場ではない、ともバザーリアは見抜いていた。「マニコミオは非理性的なものを理性的なものに変えるという行為において、それ自体の理性を維持しています」とは一体どういうことか。それは、マニコミオ自体には、「狂気を排除する役割を果たす科学の力」が働いており、マニコミオの目的として「非理性的なものを理性的なものに変える」役割があると彼は指摘している。

つまり、「ある人が気が狂ってマニコミオに入れられると、狂人ではなく病人とみなされるようにな」るということは、非理性的存在として「主体的に自己表現」している「狂人」から、理性の範囲内で「主体性」や「自己表現」が剝奪された「病人」へと変化（矮小化）されてしまう、ということである。それこそが、「施設化された狂気」の最大の問題なのである。さらに、彼は「狂気が生み出される場所」である「生活のなか」から安易に狂気を排除せず、その日常世界で「いかにして狂気を認識するのか」こそが重要だ、とまで言い切っている。

ここでもう一つ、バザーリアの言葉を引用しておこう。

「狂気とはある状況の表出であり、狂気となる条件の表出です。そこで私たちが教えられたのは、病状に意味を与えるために病を知る必要があるということです。つまり、ある一つの要素を全体像のなかに位置づけなければならないということです。医師と市民の関係性、そして医師と患者の関係性を変えるために、私たちはこれと同じような教育的姿勢を持たなければならないのです。」

（前掲書：一〇七頁）

僕自身がバザーリアの言葉がちゃんと理解できるようになり始めたのは、「狂気が生み出される場所、つまり生活のなかでいかにして狂気を認識するのか」を考えるようになってからである。きっかけは、「ゴミ屋敷」だった。家の中だけでなく、庭や道路にまで沢山のゴミを溜め、周囲との関係性でトラブルを生じているような家を指して、「ゴミ屋敷」とラベルが貼られる。その「ゴミ屋敷」の主がゴミを溜めざるを得ない内在的論理は何だろう、と論文を書きながら考えているうちに、「狂気とはある状況の表出であり、狂気となる条件の表出です」ということの意味を理解し始めた（竹端：二〇一五）。

授業で「ゴミ屋敷」について取り上げ、学生に「なぜこの人たちはゴミを溜めるのだろうか？」と訊ねると、毎年のように「ゴミが好きだから」という答えを出す人がいる。そこで、「あなたは好きですか？」と更に訊ねると、「私は嫌いだけれど」という答えが返ってくる。そこで「なぜ君が嫌いなものを溜めているのかな？」と聞くと、たいがいの場合、返答に困るか、「人それぞれだから」と言葉を濁す。

確かに、ゴミを溜め込む、というのは、「常識」では考えられない。だからこそ、「精神病だから」「認知症だから」という「理性的」なラベルで整理されると、それを安心して受け容れやすい。「あの人は、自分とは違う病気にかかっているから、仕方ないんだ」と。でも、「ある一つの要素を全体像のなかに位置づけなければならない」となると、「病気」「精神病」というラベルで「わかったつもり」にはなれない。「病状に意味を与えるために病を知る必要がある」のなら、その人が「ゴミを溜めざるを得ない状況になった」のは、いつ頃から、どういうきっかけで、どのような変化があってなのか、を分析する必要がある、ということである。これは病理学的・生物学的な分析では終わらない。社会的・心理的なものも含めて「あらゆるレベルの構成要素の相互作用の産物」を理解する必要があるのである。そして、例えば「三世帯同居の家を建てたけれど、退職後に妻に離縁され、子どもも寄りつかなくなったから」「以前は綺麗好きだったけど、認知症で掃除がおっくうになり、かつ他人（ヘルパー）にそのことを指摘されたくないから」「同居家族が亡くなった後、天涯孤独になり、年金も少ないので生き延びるために使えるものを備蓄したいから」といった、「ゴミ」を溜めるに至った様々な理由がみえてくる。

「狂気となる条件の表出」とはなにか、を理解することは、その人と周囲や社会との相互作用の「矛盾」を、その総体として理解することである。これは「行動障害」や「統合失調症」という病名・診断名という「理性」で「わかったつもり」になるのではない。ゴミという「ある一つの要素を全体像のなかに位置づけ」、「狂気」という形で表出されている「ゴミ屋敷」に、どのような歴史的・生態学的構造があるのか、をその総体として理解しようとする試みである。それは、「私は狂っていない医師で、あなたは狂っている病人だ」という二項対立的切り分けを超え、「私もあのような状況ならば、狂いうるかもしれない」と理解することである。そして、その理解があれば、「医師と市民の関係性、そして医師と患者の関係性」は変わり始めるのである。病名や診断名という「理性」の範囲内で理解するのではなく、「非理性的」なものが「主体的に自己表現」しているものは何か、その「狂気」がどのように社会的に構築されてきたか、を「理性」的に「理解」する必要があるのだ。これは、ある種のパラダイムシフトでもある（竹端：二〇一三）。

変えるべきは、誰の何なのか？

「私たちが始めるべきなのは、心病む人に向けて、そして心病む人とともに複雑性と相互性の研究を進めることです。病人とのあいだの協働関係と相互関係の研究です。私たちが治療について語れるのはこうした場合だけです。これと反対の場合には、私たちに話せるのは従属と奴隷状態だけになってしまいます。」（バザーリア、二〇一七：六一頁）

「私は理性的な医師で、あなたは理性が欠けた病人だ」という二項対立的切り分けは、「支配関係や権力関係」に簡単に結びつき、そこでは「従属と奴隷状態」が必然的に生じる。そのような関係性や状態を変えたければ、まずは治療する側が、その二項対立的切り分けを超える必要があるのだ。「私もあのような状況ならば、狂いうるかもしれない」という前提に立つことで、「病人とのあいだの協働関係と相互関係」が生まれる。その中で、「あらゆるレベルの構成要素の相互作用の産物」であり「矛盾の表出」でもある「狂気」の「複雑性と相互性の研究を」「心病む人とともに」進めることができるのである。

だが、現実の精神医療の現場では、このような協働関係や相互関係はなかなか構築されにくい。

「あらゆる医学的知識の内容は病人を管理し抑圧するためにある、ということを認めなければなりません。病人は主体として治療を受けるのではなく、病人が生産の歯車のなかに戻れるように、治療は行われます。私たちが精神病の問題に向き合うためには、精神医学の知識、精神分析、薬物療法、電気ショック、インスリン療法、脳外科といった、医師たちが利用してきたすべての方法と手段を議論の対象にしなくてはなりません。」（前掲書：一三三頁）

繰り返しになるが、バザーリアは狂気が存在しない、と言っているのではない。その意味で、「反精神医学」ではない。ただ、精神医学の知識や技術といった「医師たちが利用してきたすべての方法と手段」は一体何のためにあるのか、を問い直しているのである。「治療」は、狂気の状態にある人の「主体性」を快復するためにあるのか、はたまた「病人が生産の歯車のなかに戻れるように」するためなのか？　そして、後者の場合なら、「あらゆる医学的知識の内容は病人を管理し抑圧するためにある」のではないか、と喝破しているのである。このような管理・抑圧的な構えでは、患者との協働関係は生まれようがない。

では、どのように反転したらよいのか。それが、「心病む人に向けて、そして心病む人とともに複雑性と相互性の研究」を行うこと、つまりは「病人とのあいだの協働関係と相互関係の研究」を進めることである。実際、トリエステに移った後のバザーリアの弟子たちは、病院から出て行った元・患者たちと共に、社会協同組合B型をつくり、地域の中で「生産の歯車」とは違った形での「仕事」や「就労」を行う場づくりを展開していった。また「心病む人とともに複雑性と相互性の研究」といえば、日本の北海道の浦河町の「べてるの家」という当事者コミュニティがずっと続けてきた「当事者研究」が、爆発や引きこもり、逃亡癖などの様々な「狂気」の表出に関して、ソーシャルワーカーと当事者が共にその現象の「複雑性と相互性の研究」を続けてきた。バザーリアやイタリア精神医療の本質を日本に伝え続ける大熊一夫は、この「当事者研究」こそ「バザーリア派のいう『狂気との共存』や『狂人の復権』といった現象が日本で最も顕著」に現れている活動であると指摘する（大熊、二〇〇九：二一一頁）。

　そして、「病人とのあいだの協働関係と相互関係」を真に生み出そうとするならば、精神病者ではなく、医師や看護師こそ、まずは変わらなければならない、とバザーリアは主張する。

「すでに医師となった人は、自分が勤める施設の変革に着手しなければなりません。そして病院内部に存在する社会の抑圧のメカニズムを見つけることが不可欠になります。そうすることによって、利益と権力が患者を抑圧する要因として問題になっていることにも気づき始めるのです。その一方で、看護師は自分自身が暴力による抑圧や虐待の一端を担っている、ということを理解することから始めなければなりません。看護師は病院の院長の手のひらで踊らされているわけですが、医師が患者の抑圧者として看護師を利用するとき、労働者階級は二つに分断されることになります。なぜなら、病人も看護師も同じ階級に属しているからです。」（バザーリア、二〇一七：二四七頁）

　イタリアでも日本でも、医師は「利益と権力」を握っている。すると、医師に求められるのは、「病院内部に存在する社会の抑圧のメカニズムを見つけること」を通じて、「自分が勤める施設の変革に着手」することである。実際、バザーリアはその医師の「権力」を用いて、病院の開放化（ゴリツィア）や病院の廃止（トリエステ）にこぎ着けた。ただ、それはバザーリア一人の力で成し遂げたわけではない。イタリアでも日本でも、実際の「権力行使」の場面では、医師は「指示をする人」である。その「指示」を受けて、隔離や拘束を行うのは、看護現場の職員である。

　その看護師に向かって、バザーリアは「看護師は自分自身が暴力による抑圧や虐待の一端を担っている、ということを理解することから始めなければなりません」と言う。そして、はっきりと「病人も看護師も同じ階級に属している」「医師が患者の抑圧者として看護師を利用するとき、労働者階級は二つに分断される」と断言する。その同じ「労働者階級」が、「二つに分断される」のか、「病人とのあいだの協働関係と相互関係」を生み出す「同志」となるのか。その分かれ目にあって、「医師が患者の抑圧者として看護師を利用する」構造を変えるために、何が必要なのだろうか。

実践の楽観主義

「私たちの科学は、伝統的な専門技術者の敗北という根本的な前提条件から出発しています。そうした専門技術者は、『これ以外にはやりようがない』と考える人であり、『理性の悲観主義』といえるイデオロギーをもっています。新しい専門技術者は、明確な目的をもたなければなりません。つまり『実践の楽観主義』で自分の仕事を進展させるのです。もし、そうでなければ、問題の解決策はありません。これは私の言葉ではなく、偉大な革命家アントニオ・グラムシの言葉です。グラムシは、知識人に対して、熟慮すべきとても重要な根本原理を提示しました。こうした政治科学を根底にして、私たちは新たな科学を打ち立てたいのです。」（前掲書：一二三頁）

「これ以外にはやりようがない」。この言葉が専門家のもつ「権力」と結びついたら、恐ろしいほどの現状肯定的なフレーズとなる。入所施設での障害者の隔離も、体制に疑問を持たせない詰め込み型の銀行型教育も、精神病院での隔離や拘束も、すべては「これ以外にはやりようがない」という一言で終わってしまう。だが、それは、バザーリアにとっては「伝統的な専門技術者の敗北という根本的な前提条件」に映った。「できない百の理由」を言う、という時点で、「できない」という「敗北」なのである。そして、そのような「理性の悲観主義」に満足せず、「できる一つの方法論を探す」という意味での「実践の楽観主義」を追求したのが、バザーリアであり、フレイレであり、ニィリエであった。この言葉を述べたグラムシは、「知識人に対して、熟慮すべきとても重要な根本原理を提示」したのだが、この連載で追い求めてきた三人は、「理性の悲観主義」者ではなく、文字どおり「実践の楽観主義」者であった。そして、彼ら三人はそのような楽観主義に基づいて、別の場所で同じ時期に「新たな科学」を打ち立て始めたのだ。

「『銀行型』教育の概念では教育する者は教育される者を偽の知識で『一杯いっぱいにする』だけだが、問題解決型教育では、教育される側は自らの前に現れる世界を、自らとのかかわりにおいてとらえ、理解する能力を開発させていく。そこでは現実は静的なものではなく、現実は変革の過程にあるもの、ととらえられるのである。」

（フレイレ、二〇一一：一〇八頁）

「施設そのものに知的障害をさらに悪化させる状況があ

り、そこは知的障害者を退化させているところなのだ。大型施設は、あまりにも非人間的な結果をもたらす自己破壊的システムなのだ。経験を求める飢餓感が満足させられることはなく、生活状況の貧困さはそのまま継続し、文化的略奪がつくり出されている。こういったすべての事柄が、私たちの税金を資源として、医師の同意のもとで、社会における政治的組織の決定により行われているのだ。」

（ニィリエ、二〇〇八：八八頁、訳文一部改変）

フレイレにとって「偽の知識で『一杯いっぱいにする』」ことが、ニィリエにとって「あまりにも非人間的な結果をもたらす自己破壊的システム」を温存することが、「これ以外にはやりようがない」という意味に於いて、「理性の悲観主義」であった。一方、フレイレの言うように、「現実は静的なものではなく、現実は変革の過程にあるもの、ととらえられる」ようになると、ニィリエの言う「私たちの税金を資源として、医師の同意のもとで、社会における政治的組織の決定により行われている」「文化的略奪」をそのまま放置しておくことができなくなる。これが、バザーリアの言う「新たな科学を打ち立て」ることであり、『実践の楽観主義』で自分の仕事を進展させる」ことなのだ。そして、この「実践の楽観主義」を通じてしか、「問題の解決策はありません」と言うのも、三人に共通していた。

では、この三人はどのような「楽観主義」に基づく「実践」を組み立てていたのだろうか？

客体から主体へ

「治療を行う医師は、治療を受ける人を治療の主体ではなく客体と見なしています。こうして治療は客体的なものになります。そして治療は、医師による単なる再生産になるのです。ここでは、主体的に表現する可能性が病人に与えられることは決してありません。その意味では、治療は管理の一形態だと思います。というのも、病人の側に主体的な表現がないときには、治療は資本のゲームを客観的に再生産する以外のいかなる結果も生まないからです。」

（バザーリア、二〇一七：一三二頁）

「治療を受ける人を治療の主体ではなく客体と見な」す。これは患者を「モノ」化することである。この客体化（＝「モノ」化）により、治療と管理は密接に結びつき、病人の「主体的な表現」は、「縛る・閉じ込める・薬漬けにする」ことによって抑圧されると、「治療は資本のゲームを客観的に再生産する以外のいかなる結果も生まない」状態が継続される。これは、現代日本で未だに精神病床が三〇万床、入所施設が一〇万床ある最大の理由である。
この「客体」の問題は、ニィリエもフレイレも気づいていた。

「大型施設と、それらの最悪なユニットでは、最低限必要なケアやケアの質というものを提供することは不可能である。大きなユニットでの一日のリズムは、知的障害者を、空虚な機械的環境における一つの物体にまで貶めている。」
（ニィリエ、二〇〇八：二二―二三頁）

「被抑圧者は人間として闘うのであって、『モノ』として闘うのではないことはいうまでもない。それというのも、抑圧者との関係のうちで、被抑圧者はほとんど『モノ』の状態に貶められ、自らを破壊してきたからだ。自らを再確認するためには、このほとんど『モノ』扱いされてきた状態を超えていかねばならない。」
（フレイレ、二〇一一：七二―七三頁）

強度行動障害とラベルの貼られた人がいる。そういう人は、頭を壁に打ち付けたり、破壊的な行動をするから、という理由で、入所施設の「重度棟」に入れられていることがしばしばある。だが、そのような環境では「空虚な機械的環境における一つの物体にまで貶めている」がゆえに、本人はイライラする。よって、さらに暴力行為を行う。ゆえに、縛ったり閉じ込めたり、の悪循環に陥る……。このようなことは、本人だけの問題ではない。「自らを破壊してきた」背景には、「抑圧者との関係のうちで、被抑圧者はほとんど『モノ』の状態に貶められ」た、という客体化の問題がある。その際、「治療」や「管理」ではなく、暴力や問題行動という形での「主体的な表現」を理解し、支援することが必要になる。それは、「『モノ』扱いされてきた状態を超え」ることでもある。
それは、一体どうしたらよいのだろうか。

「マニコミオを開放すれば、私たちの専門職は危機に直面します。なぜなら私たちの実践的な活動を批判する可能性と条件を、病人たちに与えることになります。（略）マニコミオを開放すれば、そこに留まるにしろ出て行くにしろ、本人が望み通りにできる権利を持てるようになります。ですから、『いつになったら家に帰れるのでしょうか』と病人が聞けば、医師はその人と話し合いを始めざるをえません。こうした対話の中では、客体と主体という関係はなくなり、二人の人間がともに主体となります。二人の人間の関係性における、こうした矛盾の論理を私たち医師が受け容れられないのなら、医師であることを辞めて、別のことをすべきだと思います。」

（バザーリア、二〇一七：一六〇－一六一頁）

「客体と主体という関係はなくなり、二人の人間がともに主体」になるためには、「対話」が必要になる。それは、抑圧者と被抑圧者という非対称な関係では始まらない。本人の望むことについて、患者と医師が、障害者と支援者が、共に考え合う、ということである。そのような「二人の人間の関係性」を生じさせるためには、専門職の側が「危機に直面」するのを避けては通れない。「いつになったら家に帰れるのでしょうか」という問いには、帰りたい本人の思いや、それを拒否する家族、あるいは収入や仕事のなさ、などの様々な「矛盾の論理」が渦巻いている。その「矛盾の論理」に、「病気（障害）だから、『これ以外にはやりようがない』」と蓋をしていても、何も始まらない。大切なのは、その時に、「対話」を紡ぎ出すことができるかどうか、が何よりも専門職の側に問われているのである。

ここでこそ、先に述べた「理性の悲観主義」と「実践の楽観主義」が重要な分岐路になる。「被抑圧者」「知的障害者」「狂人」を、「理性」という尺度でのみ評価するならば、「読み書きができない」「判断能力の乏しい」「理性的な発言ができない」劣った人、となる。そうすると、その人々の「できない部分」を沢山あげつらい、「〇〇ができないから、支配や管理の対象になっても仕方ない」という「理性の悲観主義」に覆われてしまう。だが、バザーリアやニィリエ、フレイレに共通するのは、その時にこそ、「実践の楽観主義」に立った。「理性」での評価よりも、「いつになったら家に帰れるのでしょうか」という「主体的な表現」こそを重視した。その発言を、「モノ」として扱わず、相手を一人の尊厳ある個人として受け止め、「二人の人間の関係性」において受け止めた。そして、「私たちの実践的な活動を批判する可能性と条件を、病人たちに与える」ことにより、「客体と主体という関係はなくなり、二人の人間がともに主体とな」ったのである。

つまり、「実践の楽観主義」とは、「被抑圧者」「知的障害者」「狂人」を「理性」的価値観で評価・糾弾するのではなく、非理性的であっても一人の人間という「主体」として受け止め、二人の関係性を育む「対話」を続けるなかで、「本人が望み通りにできる権利」を実現する道を「楽観主義」に基づき模索し、「実践」することである、とまとめることもできるだろう。

では、日本でそれを実現するにはどうしたらよいだろうか？

半世紀たっても変わらないこと

二〇一八年一月十一日のNHK『クローズアップ現代＋』という番組では、「認知症でしばられる!? ～急増・病院での身体拘束～」という内容が取り上げられた。精神科医の上野秀樹氏と共にゲスト出演した僕は、患者の意思に反する身体拘束は「悪循環」であり、病棟の人手不足を解消して身体拘束を減らすには病床の大幅削減が必要不可欠だ、と提起した（注）。

その番組の放映中から、番組や僕たちへの批判が、ツイッター上では渦巻いて、「炎上」状態だったようだ。その一部の発言を取り上げてみたい。

「身体拘束に限らず医療現場のやり方に納得いかない人は自分で看ればいいんだよ。自宅療養が困難だからって入院させておいて自分たちは悠々と暮らしていて現場に文句ばかり言うのもどうかと。」

「身体拘束＝絶対悪っていう風に報道されるとこっちが殴られても、蹴られても目の前で転倒して頭打って意識レベル低下したとしても何もしないようにってなっちゃう。転倒した時の責任は誰が取るの？」

「身体拘束はこっちもやりたくてやってるんじゃないよ。日々患者に向き合うとか……それなら人員増やすかクレーマーを退院させてくれ。減らす必要があるけど、自分の身も守らせてくれ。」

率直に言って、こういう批判が来ることは「想定内」ではあったが、ツイッター上で溢れかえるこのような発言を読んでいて、正直げんなりした。そして、なぜこのような発言が「想定内」なのか、を考えてみると、四五年前のある本の記述を思い出す。

「私に対する非難は、次の四点に要約できるだろう。〈一部の悪徳病院を誇大に取り上げた罪〉〈一生懸命やっている人をがっかりさせた罪〉〈暴露に終始した罪〉〈政治が悪いからだ、といわない罪〉」（大熊、一九七三：八二頁）

僕の師匠でもある大熊一夫氏が朝日新聞夕刊に「ルポ・精神病棟」を連載したのは一九七〇年二月。その連載が始まるやいなや、朝日新聞の電話は鳴り続け、当初の電話や手紙だけでも軽く千件を超えた、という。まさに今なら文字どおりの「炎上」状態である。今回改めて師匠に対する「非難」を読み返しながら、半世紀近く経ってもこの部分は殆ど変わっていないことに、改めて愕然としてしまった。

「身体拘束はこっちもやりたくてやってるんじゃないよ」

とか「現場に文句ばかり言うのもどうかと」という僕（たち）への批判は、〈一生懸命やっている人をがっかりさせた罪〉〈暴露に終始した罪〉と重なる。現場は大変な思いをしながら「一生懸命」やっているのに、そのことをポジティブに評価せずに、「暴露に終始」するとは何事か、という批判である。そして、そのような「批判」への師匠の反論を読んでいて、「僕の言いたいことも四五年前に書かれている！」と得心してしまった。

「このようなお粗末な医療しかできない日本の制度に問題があることは、論をまたない。しかし、その制度のもとで、『良心がマヒしている』という自覚がないことが、問題をもっと深刻にしている。『一部の悪徳病院……』ではすまない状況が確かにある。だれの目にも悪徳と映る病院はもちろんのことだが、『現状ではこの程度しかできないのだ』と妙に割り切って、被害者然としている医療従事者にも、私は多くの問題を感じる。」

（大熊、一九七三：九六－九七頁）

そうなのだ。半世紀前も今も、「お粗末な医療」が続いているし、それは人員配置基準の低さといった「日本の制度に問題がある」のは、その通りである。これは僕もずっと批判し続けてきた（竹端、二〇一六）。だが、「一生懸命やっている人をがっかりさせた」からといって、ツイッターの匿名性を利用して「身体拘束に限らず医療現場のやり方に納得いかない人は自分で看ればいいんだよ」と言い放つツイートを前にすると、「『良心がマヒしている』という自覚がない」と思わざるを得ない。大熊氏が言うように、「『現状ではこの程度しかできないのだ』と妙に割り切って、被害者然としている医療従事者」に僕自身も「多くの問題を感じる」のだ。

そして、この「半世紀たっても変わらないこと」を変えるためにこそ、僕自身はこの連載を書き続けてきたのだ、と再認識している。バザーリアやニィリエ、フレイレが果たしてきた仕事とは、社会を変えるための「認識枠組みの変化」なのだから。

自由こそ治療だ！

「不可能だと思われていたことも可能になるということを、今では人々が知っているということが大事なのです」

（バザーリア、二〇一七：五頁）

バザーリアとニィリエ、フレイレの三人は、文字通り、不可能を可能にしてみせた。強制こそが治療だ、と思われていた時代に、バザーリアは「自由こそ治療だ！」を標榜し、精神病院の開放化から、精神病院なしの地域精神医療システム構築にまで突き進んだ。知的障害者は、障害が重ければ入所施設に入るしかない、と思われていた時代に、ニィリエは「それはアブノーマルである！」と喝破し、障害があっても地域で暮らし続けられるよう、社会環境こそ変わるべきである、という考えを「ノーマライゼーションの原理」としてまとめ、スウェーデンが二〇〇三年に入所施設を全廃するきっかけをつくった。被抑圧者は搾取されることが当然とされた時代に、フレイレは「銀行型教育こそ抑圧をつくり出す元凶だ」と気づき、それに変わる課題提起型教育を実践するなかで、被抑圧者を解放へと導いていった。

この三人の思想に共通するのは、不可能を可能にするための、「認識枠組みの変化」である。それが、連載のタイトルにつけた「『当たり前』をひっくり返す」に込めた意味である。常識をひっくり返すためには、制度を批判するだけではダメである。制度や組織という「他者」を問い直す前に、まず自らの実践を問い直せるか、が問われている。「『現状ではこの程度しかできないのだ』と妙に割り切って、被害者然としている」ようでは、医療や福祉、教育のプロとは言えない。自らの現場で、どのような構造が問題になっているか、を見抜き、不可能を可能にするための、できる一つの方法論を模索する。それが「実践の楽観主義」に込められたメッセージである。そして、「一生懸命やっている人をがっかりさせた罪」を糾弾する暇があるくらいなら、明日からできる方法論を考えたほうが、はるかに有意義で価値のある営みである。

「私たちが生活しているのは、様々な法規をそなえた資本主義国家です。国家に成立を認めさせたあらゆる法律は、民衆たちが実際の闘いを通じて勝ち取ったものです。私たちが、社会主義に基づいた法律をもてるとは考えられません。私たちが手にするのは、多かれ少なかれ改良主義的な改革です。それを積み重ねることにより、国家の論理を変えていく、とりわけ人々の文化の論理を変えていくということです。」（前掲書、一三七頁）

バザーリアのこの言葉は、フレイレやニィリエの実践とも重なっている。彼ら三人は、国家の転覆を狙ったのではない。そうではなくて、草の根的に現場から実践を積み上げる、という意味で、「改良主義的な改革」であった。識字教育や自己決定の支援、閉鎖病棟の開放化といった、「できる一つの方法論」を積み重ねていくなかで、現場の「文化の論理を変えていく」ことができ、それがひいては法律の変更の原動力になった。

「国家の論理を変える」ことを第一義に置くと、うまくいかなければ、〈政治が悪い〉という月並みな結論で終わる。そうではなくて、この三人は、政治が悪い、で終わらさずに、現場での変化を実際に積み上げていったからこそ、「『当たり前』をひっくり返す」ことが可能になったのである。社会を変える前に、まず自らの「認識枠組み」を疑い、強制ではなく自由こそ治療だ、アブノーマルな施設ではなくノーマルな生活環境の提供を、被抑圧者が抑圧を自覚できるような教育を、と理論や実践を変えていった。これこそが「実践の楽観主義」の真の姿なのだ、と改めて気づかされた。

＊本研究はＪＳＰＳ科研費26380789および17K04268の助成を受けたものです。

本連載は今回で終了です。現代書館より単行本化の予定です。

注

番組での僕の発言も番組ＨＰで活字化されている。
https://www.nhk.or.jp/gendai/articles/4083/index.html

参考文献

バザーリア、フランコ著／大熊一夫・大内紀彦・鈴木鉄忠・梶原徹訳（二〇一七）『バザーリア講演録　自由こそ治療だ！』岩波書店。

フレイレ、パウロ著／三砂ちづる訳（二〇一一）『新版　被抑圧者の教育学』亜紀書房。

厚生省公衆衛生局（一九五一）「わが国精神衛生の現状並びに問題について」『医学通信』二六二、一一頁。

ニィリエ、ベンクト著／ハンソン友子訳（二〇〇八）『再考・ノーマライゼーションの原理――その広がりと現代的意義』現代書館。

大熊一夫（一九七三）『ルポ精神病棟』朝日出版社。

大熊一夫（二〇〇九）『精神病院を捨てたイタリア　捨てない日本』岩波書店。

竹端寛（二〇一三）「『病気』から『生きる苦悩』へのパラダイムシフト：イタリア精神医療『革命の構造』」『山梨学院大学法学論集』七〇、三一－六一頁。

竹端寛（二〇一五）「『合理性のレンズ』からの自由：『ゴミ屋敷』を巡る『悪循環』からの脱出に向けて」『東洋文化』九五、九九－一一四頁。

竹端寛（二〇一六）「精神医療のパラダイムシフト」遠塚谷冨美子・吉池毅志・竹端寛・河野和永・三品桂子著『精神病院時代の終焉――当事者主体の支援に向かって』晃洋書房、八三－一一九頁。

たけばた・ひろし……山梨学院大学法学部政治行政学科教員。博士（人間科学）。主著に『権利擁護が支援を変える――セルフアドボカシーから虐待防止まで』（現代書館）、『枠組み外しの旅――「個性化」が変える福祉社会』（青灯社）など。

資料

障害者権利条約中華民国(台湾)初回報告総括所見(上)

解説・翻訳　長瀬 修

解説

台湾を統治する中華民国政府は国連を一九七一年に脱退しているため、障害者権利条約の通常の批准手続きや、障害者権利委員会による審査を受けられない。そのため、国内法で独自に障害者権利条約を二〇一四年に「批准」し、実施を進め、その一環としての国際審査を二〇一七年秋に台北で実施した。同政府に委嘱された国際審査委員会メンバーはアドルフ・ラツカ(スウェーデン)、ダイアン・キングストン(英国)、ダイアン・リッチラー(カナダ)、マイケル・スタイン(米国)、長瀬修(日本)である。全員が個人の資格で参加した。互選によって私は委員長を務めた。国連の障害者権利委員会においても、審査の中心的役割を果たす国別報告者(country rapporteur)は、近隣の国の委員が務めることが多い。実際、漢字を読めることは、政府訳で「優生保健法」の「優生」が正確に訳されていないことを第一七条関係等で指摘する際に役立った。

審査に当たっては、障害者組織をはじめとする市民社会からのパラレルレポートの情報が重要であり、事前質問事項の作成においても、非常に有用であった。そして私たちが事前質問事項を作成する際には、最終的な勧告内容をすでに念頭に置いていた。最終的な勧告内容と密接に関連する形で、質問を作成したのである。

二〇二〇年の日本審査に向けて、私たちがパラレルレポート作成を進めるうえでも、障害者の権利を守る条約の実施のために、どのような勧告を私たちが必要としているのかを常に意識して作業を進めることが肝心である。日本の審査に向けて、以下八五段落から構成される台湾の総括所見(長瀬仮訳）が参考になれば幸いである。

障害者権利条約中華民国（台湾）初回報告総括所見

国際審査委員会、二〇一七年十一月三日

Ⅰ　序論

1、二〇一四年八月、中華民国（台湾）の立法院は、障害者の権利に関する条約の施行法を可決した。施行法は二〇一四年十二月に発効し、障害者権利条約の国内調和の枠組みを提供する。

2、行政院は、施行法に基づき、二〇一六年十二月に国家報告を提出し、その英語版を二〇一七年三月に公開した。台湾政府は、初回国家報告を検討するため、国際的専門家を招聘し、国際審査委員会を設置した。ダイアン・キングストン（英国）、長瀬修（日本：委員長）、アドルフ・ラツカ（スウェーデン）、ダイアン・リッチラー（カナダ）、マイケル・アシュリー・スタイン（米国）である。メンバー全員が障害者の権利の専門家とみなされている。

3、国際審査委員会は台湾の初回報告を検討し、二〇一七年七月二十四日に事前質問事項を提出した。国際審査委員会は、障害者組織を含む市民社会組織からパラレルレポートと事前質問事項向けの質問案の形式で情報を受け取った。政府は二〇一七年九月八日に事前質問事項への詳細な回答を提出した。国際審査委員会は、国からの回答に関して、障害者の代表組織からのものを含め、市民社会から多数のインプットを得た。

4、双方向の対話を含む審査は、台北のＮＴＵＨ（国立台湾大学医学院附属病院）国際会議場で、二〇一七年十月三十日から十一月一日まで開催された。国際審査委員会は、この総括所見を採択し、二〇一七年十一月三日に発表した。

5、国際審査委員会は、障害者権利条約を台湾において実現するための真剣かつ誠実な努力を行っている台湾の政府および人々に深い感謝を表明する。多くの政府当局者が出席したこの審査における政府との建設的対話は、障害者権利条約を完全に実施するという政府の決意を証明した。市民社会、特に障害者とその代表組織の積極的な参加は、第四条3および第三十三条3に不可欠であると共に両項に則ったものであり、継続的実施が成功するために必要である。

6、国際審査委員会は、国際審査委員会に内容面と運営面での支援を提供した保健福祉省、特に障害者権利条約チームに感謝の意を表す。

Ⅱ　肯定的側面

7、国際審査委員会は、国に関して、以下を評価する。

a）障害者権利条約およびその他の人権条約の国際審査過程に自主的に参加する決定。

b）障害者の権利に関するキャンペーンを実施し、意識を高めるための初期的措置を講じ、障害者権利条約に違反する分野の把握を開始していること。

c）台北市の地下鉄（ＭＲＴ）など都市部での物理的なアクセシビリティを提供するための初期的措置を講じていること。

d）障害者権利条約を実施するための法律、規則および行政措置の見直しのための標準運用手続の確立。

Ⅲ　主要な懸念分野と勧告

Ａ　一般原則と一般的義務（第一条－四条）

8、国際審査委員会は、侮蔑的な用語や侮蔑的な言葉の一部の変更にもかかわらず、国の法律は主に、障害者を権利保有者ではなく保護の必要性がある人と認識していることを懸念する。

9、国際審査委員会は、障害者をすべての人権と基本的自由の完全な保有者として認識するパラダイムシフトを可能にするために、国が法律、政策、慣行における用語とアプローチの見直しを迅速に行い、そうした見直しの完了までの予定表を提供することを勧告する。

10、国際審査委員会は、国が世界保健機構の機能、障害および健康に関する国際分類（ＩＣＦ）を用いて障害を判定するための医学的アプローチを利用し、固有の個人的または医療的機能障害から生じる状態に焦点を当てていることを懸念する。国は障壁としての環境要因を見過ごし、障害者権利条約における、発展する概念としての障害を認識することができていない。それは事前質問事項への回答において変化への抵抗が示されていることによってもさらに明らかである。

11、国際審査委員会は、すべての障害者の人間としての尊厳と、他者との平等を基礎とした社会への十分かつ効果的な参加を妨げるさまざまな障壁との相互作用を強調する、障害の人権モデルの概念を国の法律で導入することを国に勧告する。

12、国際審査委員会は、ユニバーサルデザインの意味と適用に関する法的定義と理解の欠如を懸念する。

13、国際審査委員会は、国が法律の改正を行い、ユニバーサルデザインの定義と、教育、保健、交通、司法手続の利用の機会、建築環境（公的および私的）のような分野でのユニバーサルデザインに関する規制方法を法律に含むことを勧告する。

14、国際審査委員会は、国が、すべての法律、政策および慣行において、障害者権利条約第三条に定められた原則の効果的な実現を確保するための十分な措置を講じていないことを懸念する。

15、**国際審査委員会は、既存の政策と慣行の修正や改革を含む形での障害者権利条約第三条の包括的な実現と適用を確保するための法的枠組みの確立を国に勧告する。**

16、国際審査委員会は、法律の起草に関して障害者組織との協議が欠如していることと、障害者の全国組織と地方組織に対する国の条件付きでない支援の水準について懸念する。

17、**国際審査委員会は、障害者およびその代表組織が地域レベルおよび国レベルで効果的に参加するための公式のメカニズムを国が確立することを勧告する。効果的な参加には、家族を基盤とする組織、女性、子ども、先住民およびその他の周辺化されている障害者の組織が含まれ、すべての障害種別が含まれていなければならない。国は、自律と自己決定を確実にするために、生活に関係する決定に影響を及ぼす法律、公共政策、予算策定、行動計画の設計、実施、監視において、障害者組織と有意義な協議を行わなければならない。**

18、国際審査委員会は、「アクセシビリティ」および「合理的配慮」という用語を含め、障害者権利条約の中国語繁体字への翻訳が不適切であることを懸念する。

19、**国際審査委員会は、国が「アクセシビリティ」および「合理的配慮」という用語をはじめとする障害者権利条約の翻訳を更新することを勧告する。**

20、国際審査委員会は、障害者権利条約の義務を地方自治体および地方の行政機関に移譲する計画および／または約束の欠如を懸念する。

21、**国際審査委員会は、障害者権利条約の規定が国のすべての地域で制限または例外なしに尊重されていることを確保するために、国が地方自治体と地方行政機関に障害者権利条約の義務を移譲する計画の策定を勧告する。**

B　個別の権利（第五条－三十条）

平等および無差別（第五条）

22、国際審査委員会は、以下を懸念する。

a）現在の障害法は、実質的平等を確保するための国の積極的な義務を適切に定めていない。

b）国は、合理的配慮を明示的に定義していない、さらに合理的配慮の否定が差別を構成すると法的に定義されていないことを事前質問事項への回答で確認している。

c）障害法の遵守を監視するための独立した仕組みがない。

23、国際審査委員会は、以下を国に勧告する。

a）障害に基づく差別を禁止する法律を制定し、複合的で交差性のアイデンティティをもつ個人を含むすべての障害者の実質的平等を確保する。

b）障害者権利条約第二条に沿って、すべての分野における合理的配慮の原則を国内法令と規則に定めるとともに、合理的配慮の拒否が差別の一形態であるという法的認知を確保すると共に、公的および民間セクターにおけるその適用を確保する。

c）障害者が救済と適切な補償を求めることを可能にすることを含め、障害関連の法令遵守のすべての側面を監視する効果的な仕組みを確立する。

障害のある女子（第六条）

24、国際審査委員会は、障害のある女性や女児（特に交差する形態のアイデンティティを持つ）の権利を促進するための計画（積極的差別是正措置を含む）の不足を懸念する。

25、国際審査委員会は、国が女性障害者の権利を促進し、生活のすべての面で差別を排除するための積極的差別是正措置を含む効果的なプログラムを企画し実施することを勧告する。

26、国際審査委員会は、国の男女共同参画政策ガイドラインにおける女性障害者の権利を保護する包括的な規定の欠如を懸念する。

27、国際審査委員会は、ジェンダー平等政策ガイドラインを改正し、障害のある女性と女児のすべての必要を、他の人との平等を基礎に完全に満たす条項を組み入れることと、ジェンダー平等政策ガイドラインを国連障害者権利委員会による一般的意見第三号に沿ったものにすることを国に勧告する。

障害のある児童（第七条）

28、国際審査委員会は、以下を懸念する。

a）包括的な早期療育制度がない。

b）障害児の性的虐待は、分離された特別学校で広く報告されており、その対応が遅い、もしくはない。特に知的障害をもつ子どもの場合にそうである。

c）障害のある児童の資源の利用可能性には、都市と農村の環境の間に相違がある。

d）特定のニーズをもつ子どもは、医療的緊急事態に対応する訓練されたスタッフが不足しているため学校に通うことができない。

29、国際審査委員会は、以下を国に勧告する。

a）障害児の多分野にまたがる報告と紹介と、障害児とその家族に対する支援の調整、両方のための早期介入の包括的なシステムを確立する。

b）障害児の性的虐待の調査、対応、救済措置を講じる。

c）農村部と都市部の家族が利用できる資源の区別をなくす。

d）特定のニーズ（てんかん等）をもつ子どもが直面する緊急事態に対応できるように学校の職員を養成し、こうした子どもが学校生活のすべての側面に参加できるようにする。

意識の向上（第八条）

30、国際審査委員会は、
a）障害者の否定的な画一的見方（ステレオタイプ）とマスメディアにおける差別的言語が存続していることを懸念する。

b）国の公立教育とメディアプログラムが有害な画一的見方（ステレオタイプ）に取り組んでいないし、そのようなプログラムの影響に対処もしていないという懸念を表明する。

31、国際審査委員会は、国に以下を勧告する。
a）障害者に関するあらゆる分野の差別的かつ軽蔑的な言葉を排除する。

b）障害者への否定的な画一的見方を具体的に対象とした、公衆の意識啓発プログラムを開発し、実施する。さらに、マスコミ、司法制度をはじめとする公務員、警察、法執行部門、保健・社会サービス、教育、一般市民などの研修を、障害者組織との緊密な連携の下で実施し、その影響評価を実施する。


施設およびサービス等の利用の容易さ（第九条）

32、国際審査委員会は、以下を懸念する。
a）国によるアクセシビリティのための現行の法律および施行措置がその場しのぎのものであり、国におけるアクセシビリティの欠如に適切に対処していない。

b）オンラインバンキングおよびモバイルアプリケーションが、障害者、特に視覚障害者には利用可能でない。

33、国際審査委員会は、国に以下を勧告する。
a）事務所、職場、インフラストラクチャー、歩行者環境、タクシーを含む公共交通機関に関する都市部および地方部の公的および民間部門にわたる統一されたアクセシビリティの実施のために、遵守がない場合の罰則、予定表、および予算を含む、一貫した基準、監視および実施の仕組みを備えた包括的な行動計画を作成する。この計画の実施は、障害者と、その代表組織を含む独立機関によって定期的に評価され、改訂されなければならない。

b）金融監督管理委員会を通じて、そして障害者およびその代表組織と緊密に協力して、公衆に提供されるすべての金融サービスの利用容易化を促進するためのより効果的な実施方法を導入する。

生命に対する権利（第十条）

34、市民的および政治的権利に関する国際規約と経済的、社会的および文化的権利に関する国際規約の第二回審査の勧告（二〇一七年一月二十日）に沿って、国際審査委員会は、国が死刑を廃止していないことに懸念を抱く。国際審査委員会はまた、心理社会的および／または知的障害（精神疾患〔ママ〕）の人の死刑執行を防止する明白な手続保護の欠如を懸念する。

35、国際審査委員会は、国が死刑を廃止することを勧告し、廃止前においては、法務部が死刑執行のためのガイドラインに明確な条項を定め、心理社会的および／または知的障害の人に対して死刑が執行されないようにすることを勧告する。

危険な状況および人道上の緊急事態（第十一条）

36、国際審査委員会は、以下を懸念する。

a）防災計画の設計、実施、評価への障害者およびその代表組織の体系的関与と参加の欠如。

b）防災計画に関して、特に知的障害および／または精神障害（心理社会的障害）を有する人、女性、子どもおよび先住民およびろう者および盲ろう者の視点の欠如。

c）自然災害に関する関係機関間の災害情報および対応に関する責任の断片化。

d）人命支援に不可欠な緊急電力供給が保証されていない災害時における、人工呼吸器およびその他の電源による生命維持装置を使用する者の安全。

37、国際審査委員会は国に以下を勧告する。

a）通信目的のアクセシブルな技術の使用を含む防災対策の設計、実施および評価に、障害者およびその代表組織の体系的関与および参加を確保する。

b）防災対策に関して障害のある女性、子ども、先住民、特に知的障害および／または精神障害（心理社会的障害）を有する人々、およびろう者および盲ろう者の視点を反映する。

c）仙台防災枠組み二〇一五－二〇三〇の枠組みに従って、災害報告や政府と地方自治体との間の調整などの対応調整などを通じて、災害リスク管理のための災害リスクガバナンスを強化する。

d）中央および地方災害救援計画に生命維持装置用の緊急電力供給システム（生命維持装置の使用者のリストの作成、小型発電機および燃料の供給を含む）を含める。

法律の前にひとしく認められる権利（第十二条）

38、国際審査委員会は、国連・障害者権利委員会の一般的意見第一号の解釈に従って、国が国内法を障害者権利条約第十二条に調和させていないことを懸念する。これらの国内法の中には、民法、信託法、および関連するすべての法律が含まれる。国際審査委員会は、後見制度の下に置かれた障害者が、自分の意志、選好または自律を表現するための法的能力を否定されるという広範に見られる状況にとりわけ着目する。そのような状況には、婚姻、選挙権、公共サービス、不動産の処分、金融サービスの利用、雇用、不妊・断種を含む医療手続きへのインフォームドコンセントが含まれるが、これらに限定されない。国際審査委員会はさらに、国が法的能力と意思決定能力の概念を混同していることを懸念する。

39、国際審査委員会は、国が関連するすべての法律、政策、手続を修正し、適切な資源の提供を含む、国連・障害者権利委員会一般的意見第一号に準拠した、支援付き意思決定制度を導入することを勧告する。法的能力と意思決定能力は別個の概念である。国際審査委員会は、以下の概念に基づいて、裁判官を含むすべての公務員の訓練を勧告する。法的能力は、権利と義務（法的地位）を保持し、その権利と義務（法的主体性）を行使する能力である。人間の意思決定能力とは、人間の意思決定スキルを指す。人間の意思決定スキルは、人によって異なり、環境や社会的要因を含む多くの要因に左右される。（続）

＊本研究はＪＳＰＳ科研費25380717（障害者の権利条約の実施過程の研究：研究代表者長瀬修）、17H02614（病者障害者運動史研究：研究代表者立岩真也）の助成を受けたものである。記して謝す。

ながせ・おさむ……立命館大学生存学研究センター教授。Nagase@an.email.ne.jp

■心打たれたオープンダイアローグの記述

『福祉労働』一五五号の竹端寛さんの連載のオープンダイアローグ（ＯＤ）についての記述が、大変心打つものとなっています。対人関係、特に障害者を理解するうえで、ＯＤや、「未来語りのダイアローグ（ＡＤ）」は、常に頭に入れておかなければと思うようになりました。今後の職場でも生かせるよう努力していきたいと思いました。

（愛媛県・渡部一夫）

■大変参考になりました

『福祉労働』一二七号の社会的事業所の特集、大変参考になりました。このテーマに関連した法律や政策文書を参考資料に加えていただくとより良かったと思っています。

（埼玉県・丸山茂樹）

■相模原事件の特集号メモ

なぜか地震でもないのに夜中に本が崩れてきて、再発見した本。『季刊 福祉労働』一五三号「特集 相模原・障害者施設殺傷事件――何が問われているのか」。これは

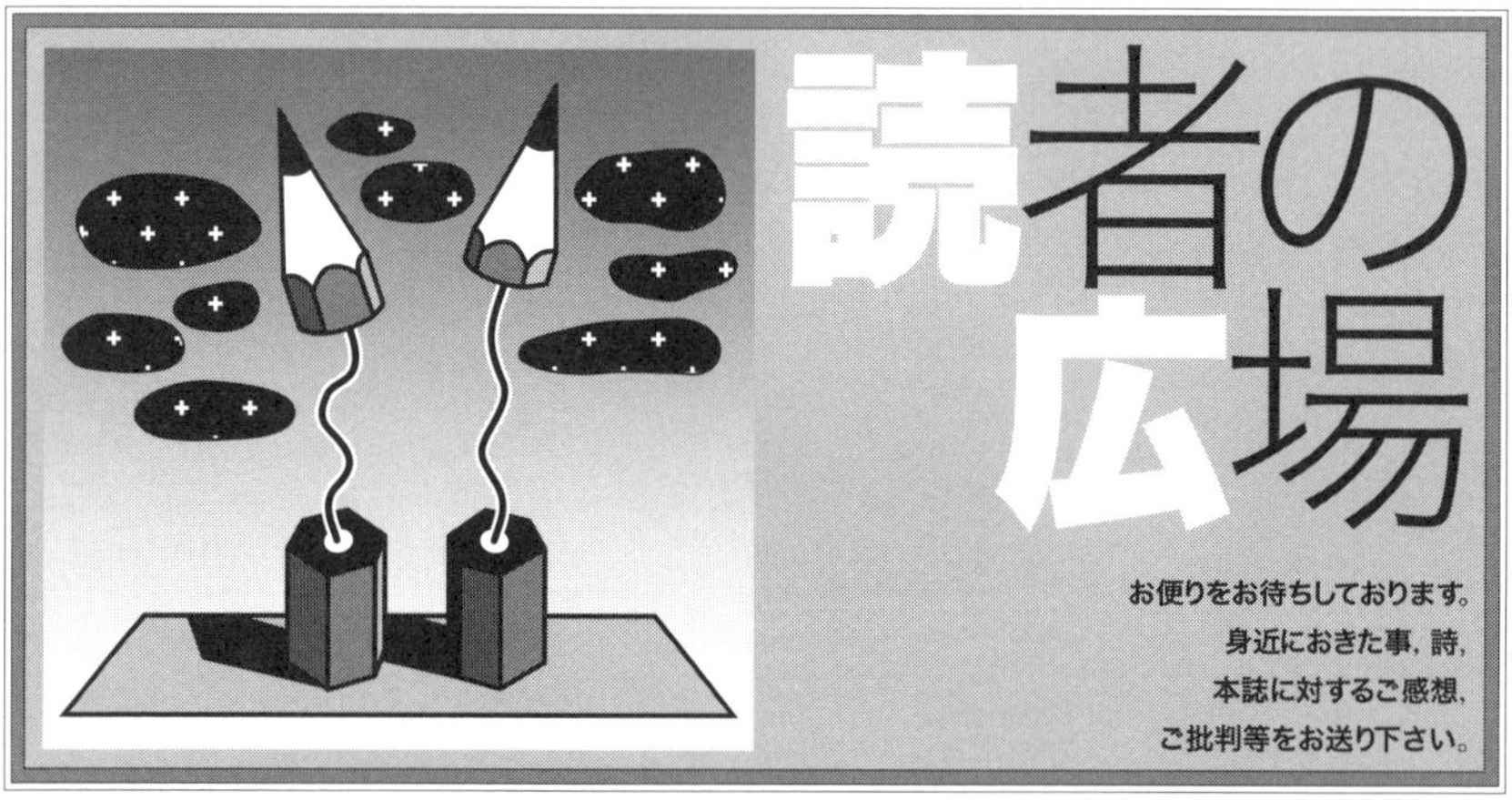

読者の広場
お便りをお待ちしております。
身近におきた事，詩，
本誌に対するご感想，
ご批判等をお送り下さい。

メモしておくべきだと思った。

神奈川県障害者自立生活支援センター理事長の鈴木治郎さんの【容疑者の歪んだ障害観を生み出した土壌は現代社会であり、育んだのは施設の固定的人間関係】という指摘。ぼくが気になるのは「育んだのは施設の固定的人間関係」という部分。「隔離された収容施設の中では障害者と職員との固定的な人間関係が生まれ……こうしたなかで、職員としての容疑者の歪んだ意識と思想が育まれたと言えるのではないだろうか」と書かれる。確かにありそうだが、そここそ具体的な検証が必要な部分だと思う。実際には他に誰一人として、彼のようには何人も殺したりはしてないのだから、ちょっと無理があるようにも思える。介助＝被介助関係の中で、自立生活を支えている介助者だって、けっこう酷い感情になることはあるというのを渡邊琢さんが書いてたのを読んだことがある。だから、ステレオタイプに考えるのはまずいと思った。

で、この鈴木さんは【共生できる「ちから」をつけることが先決】だと、当事者として捉えているというのだが、この「ちか

ら」のカギ括弧が気になる。【障害当事者のエンパワメントを考えるときに、本人のニーズに添った自己決定・自己選択が大切で、そのことを保障するためには人権や権利擁護が必要不可欠だろうと考える】と書く。このエンパワメントには違和感がある。

ぼくにとってのエンパワメントは森田ゆりさんの定義なので、それは「本人が自分の素敵さに気づくようなプロセス」のことだと思う。【本人のニーズに添った自己決定・自己選択が大切で、そのことを保障するためには人権や権利擁護】はもちろん大事だと思うのだけれども、その森田さんの定義との関係でどう整理すればいいのだろう?

「相模原障害者大量殺傷事件に思う——元療護施設入所者として」(太田修平さん)。太田さんは一二年間、療護施設で暮らした経験から【虐待や虐待めいたことは、毎日、普通の日常として起きていた……入職したときは「障害者のために」と張り切っていた職員が豹変するかのようになる場合も……施設という職場というか、介護という仕事には、人をそのようにさせる毒物のようなものが潜んでいて、何かのきっかけで、あるいは時間の経過とともに表に出てしまうのではないか】と書く。彼のいた療護園は東京都の手厚い職員配置があったはず。

太田さんが療護施設にいたのがたぶん三〇年くらい前の話だったと思う。今、三〇年前と比べて、大規模収容施設の状況はどうなっているのだろう。千葉での事件や今回の事件を見ると、そんなに変わってないようにも思えるが、積極的に地域移行を始めている施設もあるようだ。そのあたりのことを入所者や職員、また太田さんのような元入所者も含めて、検証する作業が必要とされているようにも思った。

「療護施設利用者の立場から事件を考える」(馬場精二さん)。彼は今も多摩療護園で暮らし、一九九六年から居住者自治会の自治会長で、二〇〇七年からは療護施設自治会全国ネットワークの会長。そして、彼はこの文章の最後に多摩療護園施設長の平井寛さんの二〇一六年の大フォーラムの発言を引用している。平井さんは、この発言の中で以下のように言っている。【今は地域福祉優先の時代、もはや障害福祉の主役は入所施設ではありません。それでも入所施設はまだまだセーフティネットで奔走しなければならない現実があります。逆に見るならば、地域で解決できる支援力の強化がより一層求められているということです。(中略)最重度障害者の存在を否定した津久井やまゆり園事件は、元をただせば孤立した日本の社会や、社会福祉の質の遅れが生み出した問題ととらえることができます】。

脱施設をいう時にこういう丁寧さが必要かもしれないと思った。

「『支援』が支配と暴力に変容するとき」で白崎朝子さんはGHより老健のほうがよかったという自分の母親の声を紹介する。同様の声はユニット型特養で働く友人からも聞いたという。GHは人数が少なく「死角」がない分、逃げ場がなく、「ホーム」という名に象徴されるDV的な密室になりやすい、とのこと。また、白崎さんは結語近くで、どうしたら「内なる植松容疑者」を乗り越えられるか、と問題を立て、【それは「当事者」と「支援者」の垣根を超えた、率直で真摯な対話と協同であり、信頼関係を創っていく粘り強い模索の中で「内なる植松容疑者」を生み出さない道を見出していきたい】と書く。きれいなまとめではあるが、重度の知的障害の人たちとの「率直で真摯な対話と協同」をどうつくるか、容易な話ではないだろう。

「社会的殺人――『母よ！　殺すな』の先にあるもの』（市野川容孝さん）。リード文で市野川さんは【家族ではなく、社会が、彼の共犯者である。新しい状況、段階で求められるべきことは、日本の障害者運動の延長上にある。すなわち、それは脱施設化にほかならない】と書く。【バイオエシックスのパーソン論　今回の相模原市の事件の青年とよく似た考えがバイオエシックスの一部で説かれ……アメリカの生命倫理学者のエンゲルハート『バイオエシックスの基礎づけ』（一九八六年）で「人格（パーソン）の特徴は自己意識化することができ、理性的で賞罰を価値に関心を持ち得るという点……全ての人が人格であるわけではない。胎児・乳児・ひどい知恵遅れの人、不可逆的昏睡状態にある人などは、人格ではない人……厳密な意味で人格である人々に、不当な経済的、心理的負担をかけないようにすることは、道徳的根拠がある。】

「相模原障害者施設殺傷事件の犠牲者の方々の犠牲を無駄にしないために」池原毅和さんがこの論文で今回の事件に対する国の反応の問題に触れ、国が問題にしたのは措置入院の解除や解除した後の対処が適切であったかどうかということだったが、この反応の第一の誤りは、「措置入院制度が他害行為を防止するための制度であるということを当然の前提にしてしまっていることである」と書いている。（問題が多い）現在の法律でも、措置入院は本人の回復や自立のためであって、他害行為や犯罪を防止するためのものではない。

「教育がつくる障害者排除と優生思想――モンスターは誰か」で桜井智恵子さんは容疑者のメンタリティを知る手がかりとして法務省による無差別殺人の研究を紹介する。ここで筆者がこの研究を持ち出して植松と弱者を結びつける理由は分からないわけでもないが、植松容疑者は選んで差別して殺したのだと言っている。あの事件を無差別と言ってしまうことには抵抗がある。

この「モンスターは誰か」という論文で興味深いのは、桜井智恵子さんがモンスターと名指すのはOECDの「優秀な人材」をつくり出すためのスキル戦略というところ。そう、モンスターは社会の側に存在するのだ。社会に役立つ有能な人材を育てるためのOECDで推進するPISA。そのOECDの教育や雇用に関する会議の場での著者のOECDの見解への反論が分かりやすかった。

最後に興味深かったのが「連載『当たり前』をひっくり返す――フレイレ、ニィリエ、バザーリア」の第六回「ニィリエは自分で考えることを教えている！」（竹端寛さん）。ノーマライゼーションを提唱したニィリエはスウェーデンの全国手をつなぐ親の会ともいうべきFUBのオンブズマンをやっていたのだが、「ニィリエは自分で考えることを教えている！」と非難され、FUBを去ることになったということ。また、ニィリエのノーマライゼーションがヴォルフェンスベルガーによって改組され、別の内容になったというのも知らなかった。

部屋が汚くて、積み上げられた本が崩れるような状況がこんな出会いをもたらしてくれたことに感謝。（東京都・鶴田雅英）

『福祉労働』定期予約購読について

予約注文カード			
書店名			
●電話	●住所	●購読者氏名	現代書館 季刊 福祉労働
第(　　)号より 各(　　)冊定期購読			

●読者の皆様へ●

『福祉労働』は年4回（3・6・9・12月の25日）に発行されますが、最寄りの書店で予約購読されるのが、確実かつ迅速な購入方法です。書店を通しての定期購読をご希望の場合は、本状（予約注文カード）にお名前、ご住所、お電話番号をご記入の上、書店にお申し込み下さい。書店を通して発行ごとに本をお送りいたします。

●書店様へ●

お客様から定期の申し込みがございましたら、本状（予約注文カード）を取次店を通して小社にお送り下さい。小社で定期購読の登録をし、発行と同時に送本いたします。よろしくお願いいたします。

＊　＊　＊

尚、小社の取引取次店は以下のとおりです。

トーハン・日販・大阪屋栗田・日教販・中央社・八木書店・JRC

株式会社 現代書館

〒102-0072　東京都千代田区飯田橋3-2-5
電話：03-3221-1321　fax：03-3262-5906
郵便振替 00120-3-83725
URL：http://www.gendaishokan.co.jp/

福祉労働 バックナンバー案内

創刊号～21号、23～25号は品切れです。
22号 養護学校義務化から五年
26号 もう一つの地域運動を求めて
27号 差別・隔離からの自由 ★
28号 追いつめられる子どもたち
29号 新保守主義下の社会福祉 ★
30号 学校を捨て、学校にこだわる
31号 買う福祉と市民の選択
32号 どうなる福祉と教育
33号 長寿社会を生きる
34号 養護学校義務化から八年
35号 福祉施設――その労働と意識 ★
36号 健康診断――子どもたちの周辺
37号 中間年を迎えた国際障害者年
38号 高校に挑む障害児たち
39～41号は品切れです。
42号 養護学校義務化から十年
43号 変わる？ 障害者の雇用と就労 ★
44号 親離れ、子離れ
45号 子どもをめぐる行政システムを視る
46号 束縛と分離が進む――新学習指導要領
47号 「子どもの権利条約」を読む ★
48号 障害者は問う――スポーツ・天皇制
49号 アメリカ障害者法と日本の障害者 ★
50号 世界の統合教育と日本の現状 ★
51号 施設有効活用法
52号 自立生活カタログ
53号 国障年十年をどう迎え、どう超えるか
54号 教科書改訂と障害児者
55号 挑戦―もう一つの供給主体、もう一つの場
56号 文部省の「心の居場所」にまかせるな！
57号 福祉・医療における権利擁護のあり方
58号 障害児が学校に入るとき、入った後 ★
59号 建物・住まい・移動のアクセス権
60号 アジア太平洋の障害者
61号 話の祭典・知的障害者の国際会議
62号 分離教育にしがみつく学校
63号 もっと自由に楽しく―ハンディをもつ人の旅
64号 世界の障害者雇用と日本の現状
65号 Ｈｏｗ ｔｏ 自立の基盤づくり
66号 世界の統合教育と日本の現状
67号 変わる厚生行政への提言
68号 施設の行方――「障害者福祉改革」の時代に
69号 阪神・淡路大震災と福祉のまちづくり再考
70号 養護学校義務化から17年
71号 権利擁護――障害者・高齢者・子ども
72号 生まれる前から学校に入るまで
73号 介護マンパワーは足りているのか
74号 揺らぐ学校、発信する子どもたち
75号 障害者と共に働く
76号 アジア・アフリカの障害者
77号 障害者プランはどこまで進んだか
78号 「共に」とインクルージョンをめぐって
79号 ケアマネジメントって何だ？
80号 福祉激動――地域も自立も遠くなる？
81号 障害者労働政策を見直す
82号 私が経験した障害児教育
83号 権利擁護制度とセルフアドヴォカシー
84号 医療・福祉における専門職の専門性とは
85号 介護保険と障害者
86号 世界の統合教育と日本の現状
87号 社会福祉法に変わって何が変わる？
88号 参政権のバリアフリー
89号 障害者・子どもへの虐待を止められるか
90号 「教育改革」のなかの「共に学ぶ」は
91号 精神医療は変わるか
92号 情報のバリアフリー
93号 障害者権利法制定に向けて
94号 就学基準「見直し」と共に学ぶ
95号 触法心神喪失者医療観察法案をめぐって
96号 新障害者プランに何を求めるか
97号 第六回ＤＰＩ世界会議札幌大会
98号 教育基本法見直しと障害児教育
99号 もう入所施設はいらない
100号 支援費制度がスタートして
101号 増えつづける作業所・デイケアの行方
102号 特別支援教育・習熟度別学習の問題点
103号 障害児が学校に入るまで
104号 介助の社会関係
105号 支援費と介護保険統合の問題点
106号 見えてきた特別支援教育の正体
107号 障害者ときょうだい
108号 地方発・障害者差別をなくす取組み
109号 検証・障害者自立支援法
110号 能力差別と分離が進む「新しい時代の義務教育」
111号 暮らしの中の医療的ケア
112号 福祉専門職、福祉実習、福祉教育の実際
113号 共に生きる関係を疎外する障害者自立支援法
114号 教育基本法「改正」と特別支援教育
115号 防災と障害者
116号 障害者雇用・就労の現在とこれから

117号 障害者権利条約をどう読み、どう活かすか
118号 学テと特別支援教育が同時に始まった
119号 介護労働の諸相
120号 脅かされる生存、棄民政策からの転換のために
121号 障害者権利条約と障害者雇用
122号 改訂学習指導要領と教育の現在
123号 情報保障・コミュニケーション支援
124号 障害者権利条約から地域生活を検証する
125号 ソーシャルインクルージョンに向けて新政権への提言
126号 新政権で教育はどう変わるか
127号 地域生活支援のネットワーク
128号 虐待の構造からどう抜け出すか
129号 検証・障害者制度改革
130号 今、地域で共に学び・生きる運動は
131号 拡大する相談・支援事業の実相
132号 裁判と障害者
133号 障害者差別禁止法・条例づくりの動向
134号 子ども・子育て新システムで障害児の保育・療育はどうなる
135号 東日本大震災と障害者
136号 障害者虐待防止法と権利擁護
137号 社会的事業所―労働を通じたソーシャルインクルージョン
138号 政権交代とインクルーシブ教育の行方
139号 障害者総合支援法スタート
140号 増やされる「発達障害」
141号 検証・障害者制度改革の三年半
142号 安倍政権の「教育再生」と「共に学ぶ」の行方
143号 障害者権利条約と成年後見制度の課題
144号 子ども・子育て支援新制度と障害児
145号 多重・複合問題――地域と縦割りをどう超えるか
146号 「共に学ぶ」ための合理的配慮とは
147号 二〇一五年度安倍政権の社会保障予算をどう読むか
148号 「戦争できる国づくり」への国民再統合
149号 権利条約・差別解消法ガイドラインから見る障害者政策の課題
150号 より早期からの多様な分離が進んでいる
151号 介護から社会が見える―超少子高齢社会を描く
152号 今なぜ、成年後見制度利用促進か?
153号 相模原・障害者施設殺傷事件―何が問われているのか
154号 グローバリズムの中の教育改革――教育再生実行会議と学習指導要領改訂
155号 入所施設の現在――相模原障害者施設殺傷事件を受けて
156号 障害者の「働き方改革」
157号 障害者差別解消法・権利条約から障害者の暮らしを見直す

＊『福祉労働』は季刊（三・六・九・十二月の二十五日発行）です。本体定価は五〇号まで九五〇円、五一号より一二〇〇円、これに消費税が加算されます。尚、★印は品切れとなっております。ご注文の際は在庫の有無をご確認下さい。

▼差別解消法が施行され、公立学校に合理的配慮が義務付けられて二年。学校現場に、法律の理念が反映されているとは言い難い状況が続いている。合理的配慮は特別に個別支援をすることだと理解されているようだ。

▼私が所属する障害児を普通学校へ・全国連絡会には、「三月に入ってもまだ就学通知を手にしていない」「学校から私費で介助者を付けるように要求されている」という相談がある。また、「クラスの子どもが通級教室へ通うように決まったら、若い担任が周りの教員から褒められていた」という話もある。

▼先日、文科省との話し合いがあったが、「原則、普通学級ではない」と言い切って、「権利条約に則ってインクルーシブ教育システムを構築していく」と口にしている。彼らは、国連の障害者権利委員会が出した「インクルーシブ教育を受ける権利に関する一般的意見第四号」を目にしているのだろうか。二〇二〇年に予定されている日本政府に対する権利委員会の審査にどう対応しようとしているだろうか。

編集後記

▼二〇二〇年に向けて、もう一つ大きな課題がある。「東京2020オリパラ」問題だ。すでに東京では「オリパラ教育実施方針」が出され、現場に強制されている。内閣府では、オリパラ推進本部が共生社会の実現に向けて「ユニバーサルデザイン2020行動計画」を出し「心のバリアフリー」を提唱している。それを受けて、文科省では、「交流及び共同学習推進のためのガイドライン」と、「心のバリアフリーノート」の作成をしているという。

▼まもなく（これを書いているのは三月五日）平昌パラが始まる。四月から道徳が教科化されるが、教材として扱われている頑張る障害者の姿が、連日放映され、その努力が語られるだろう。そこから生まれる障害者観は、そうでない障害者への差別を助長し、心のバリアを大きくするだけではないか。「交流からも道徳からも共生社会は生まれない。共育だ！」とさらに声を大にしていかねばならない。（名）

季刊 福祉労働 第一五八号

発行日……二〇一八年三月二十五日

福祉労働編集委員会…編集長 堀 利和
石井美寿輝 石毛鍈子
木村俊彦 佐野さよ子
篠原由美 名谷和子
春田文夫 宮澤弘道
山本勝美

編集部……小林律子
編集人……堀 利和
発行人……菊地泰博
発行所……株式会社現代書館
東京都千代田区飯田橋三－二－五
〒番号 102-0072
電話 03(3221)1321
FAX 03(3262)5906
振替 00120-3-83725
組版……ACT・AIN
印刷……平河工業社（本文）
東光印刷所（表紙）
製本……鶴亀製本

©2018 Gendaishokan ISBN978-4-7684-2358-5
※ 定価は表紙に表示してあります。
http://www.gendaishokan.co.jp/
※ 落丁・乱丁本はお取り替え致します。

活字で利用できない方のための
テキストデータ請求券
福祉労働 158号